Auf den Spuren von Silber und Weißem Gold

Das Elbtal um Dresden und Meißen
Im Wechselspiel zwischen Faltung und Abtragung, Hebung und Senkung in der Erdkruste wurde der Senkungstrog des heutigen Elbtals zwischen Erzgebirge und Lausitzer Bergland im Laufe der Jahrmillionen mit Abtragungsschutt aufgefüllt und im Zuge der Variskischen Gebirgsbildung gefaltet. Das Grundgestein zerbrach und wurde gebietsweise geschiefert, heute noch gut zu erkennen im „Elbtalschiefergebirge" südöstlich von Dresden. Als später dieses Gebirge wiederum abgetragen wurde, da herrschte Wüstenklima, so dass sich der Abtragungsschutt rot färbte (Rotliegendes). Im Bereich des Rotliegenden bildeten sich Sümpfe – Grundlage der Steinkohlelagerstätten bei Freital und im Döhlener Becken.

Mit den Bewegungen in der Erdkruste ging eine rege Vulkantätigkeit einher, die Lava an die Erdoberfläche förderte. Dieses Gestein wandelte sich durch Verwitterung und chemische Prozesse in Kaolin um, dem „Weißen Gold" für die Meißener Porzellanherstellung.

Die harten Gesteine (sog. Quarzporphyre) im „Tharandter Wald" sind ebenfalls vulkanischen Ursprungs. Bei Mohorn kann an einer gut sichtbaren Austrittsstelle des Vulkangesteins das gefächerte Abkühlungsgefüge, strukturiert in Platten und Säulen, beobachtet werden – eine geologische Rarität. Die tektonischen Bewegungen im Elbgraben gelten als noch nicht abgeschlossen. Noch heute sinkt das Elbtal um 0,2 mm pro Jahr ab.

Weinberge schmücken die Hänge entlang des Elbtals, im Bild Weingärten bei Schloss Wackerbarth in Radebeul

Geschichte
Zur Völkerwanderungszeit trat im Sächsischen Hügelland der Germanenstamm der Hermunduren etwa im 4. Jahrhundert in Erscheinung, war aber nicht lange sesshaft, sondern wurde bald von den Slawen abgelöst.

Deutsche Kolonisatoren verdrängten ab dem 8. Jahrhundert die slawische Bevölkerung, vermischten sich mit ihnen oder besetzten von Slawen freiwillig geräumte Gebiete. Nach Gründung der Burg Meißen (929) begann eine intensive Rodungsperiode durch deutsche Siedler. Kaiser Otto I. rief eine Markgrafschaft ins Leben (965). Die Wettiner wurden 1089 Markgrafen von Meißen (Wettiner regierten Sachsen bis 1918) und erhielten 1423 die Kurwürde übertragen. Aus der Markgrafschaft Meißen und der Landgrafschaft Thüringen entstand das Kurfürstentum Sachsen. Zu einer Trennung des Herrscherhauses nach einem Familienstreit kam es 1485: fortan regierte die ernestinische Linie der Wettiner Thüringen, die albertinischen Wettiner dagegen Sachsen. Von der (ab 1470 begonnenen) Albrechtsburg in Meißen wurde die Residenz 1485 nach Dresden verlegt. Unter dem sächsischen Kurfürsten August dem Starken (1670-1733) begann 1710 in Meißen die Porzellanherstellung und in Dresden ein Ausbau ohne Gleichen zu einer barocken Stadt nach italienischen und französischen Vorbildern.

Nach Silber und Zinn grub man hier bereits im 12. Jahrhundert (ab 1168 in Freiberg). Im 14. Jahrhundert setzte eine Landflucht ein, die manche Dörfer „wüst“ fielen ließen (so die „Wüsten Marken“ Droschkewitz nördlich von Weinböhla und Warnsdorf im Tharandter Wald). Am 13. Februar 1945 versank Dresden in nur einer einzigen Nacht im Bombenhagel in Schutt und Asche, mit ihm mehrere zehntausend Menschen. Seit 1990 ist Dresden wieder Hauptstadt des Freistaates Sachsen. Das „Elbflorenz“ August des Starken gewinnt durch Wiederaufbau berühmter Baudenkmäler (allen voran die Frauenkirche) wieder barocke Kontur.

Die Küche der Region

In Sachsens Küchen dreht sich (fast) alles um die Kartoffel, wurde diese heute überall in Deutschland so beliebte Knolle doch schon vor 300 Jahren zuerst im sächsischen Vogtland kultiviert. Der Siegeszug der Kartoffel durch die einheimischen Gerichte machte auch vor den Suppen nicht Halt – die Kartoffelsuppe war geboren, die einen geschmacklichen Höhepunkt in der „Zittauer Abernsuppe“ erreicht. Im Erzgebirge werden aus rohen und gekochten Kartoffeln die beliebten „Buttermilchgetzen“ zubereitet, ein einfallsreich gewürzter und im Rohr gebackener Kartoffelteig mit Buttermilch und Speckwürfeln. Und an den „Quarkkeulchen“ sollte kein Wanderer achtlos vorübergehen, denn schmackhaft lassen sich vom Vortag übrig gebliebene Kartoffeln unter Zusatz von Quark, Eiern, Mehl, Korinthen und etwas zerriebener Zitronenschale zu einem Brei zerstampfen und in der Pfanne goldgelb ausbacken. Da beim Sachsen nichts ohne Süßigkeiten geht, werden die Keulchen mit Zucker und Zimt bestreut und warm mit Schlagrahm und Apfelmus gegessen.

Ja, die Süßigkeiten gehören zum Sachsen wie das Bier zum

Radfahrer auf dem Elbe-Radweg, im Hintergrund die Kirche „Maria am Wasser"

Bayern (obwohl auch in Sachsen hervorragend Bier gebraut wird – das berühmte Radeberger und Wernesgrüner Pils): Als im alten Preußen Kaffeetrinken noch streng verboten war, genoss man im Königreich Sachsen den Kaffee längst in vollen Zügen und erfand immer wieder neue Süßigkeiten dazu. Mit Obst und Beeren belegte Streuselkuchen kamen dabei heraus und auch der „Bienenstich" ist eine Erfindung aus Sachsen. Die „Meißner Fummel" sind ein so zerbrechliches Gebäck, dass man sie kaum heil über Meißens Stadtgrenze bringt. Dafür aber haben die „Dresdner Stollen" einen Siegeszug um die Welt angetreten: Dieses begehrte Weihnachtsgebäck entwickelt sich zum reinen Exportschlager.

Der Weinbau im Elbtal

Wohl schon zur Mitte des 11. Jahrhunderts wurde um Meißen Wein kultiviert, nachgewiesen ist der Weinbau hier aber „erst" seit 1161 im Zuge einer Schenkung. Im Mittelalter waren die Elbhänge zwischen Pillnitz und Diesbar-Seußlitz trotz vieler Rückschläge noch intensiver von der edlen Traube vereinnahmt (im 18. Jh. rund 1600 ha), bis Ende des 19. Jahrhunderts die Reblaus jahrhundertelange Arbeit binnen kurzer Zeit zunichte machte – die Anbaufläche verringerte sich bis 1945, auch als Kriegsfolge, sogar auf nur noch 67 ha. Mit der reblausresistenten Pfropfrebe kam der Weinbau wieder in Schwung, so dass heute auf insgesamt 320 ha sächsischer Wein angebaut wird.

Die Highlights der Region

Seite 10/14
Diesbar-Seußlitz
Seußlitzer Grund, mit Gondelteich

Seite 14/17
Dorfhain
Besucherbergwerk „Aurora Erbstolln“

Seite 24/38
Dresden
Rundgang durch die Altstadt

Seite 14/26
Dresden
Dampferfahrt nach Pillnitz

Seite 32/38
Freiberg
Dom, mit Silbermann-Orgel

Seite 14/32
Freiberg
Lehr- und Besucherbergwerk „Himmelfahrt Fundgrube“

Seite 14/34/35
Freital
Schmalspurbahn Hainsberg – Kipsdorf

Seite 15/35
Heidenau
Barockgarten Großsedlitz

Seite 36
Heynitz
Schloss, mit Park und Gondelteich

Seite 39/44
Meißen
Burgberg mit Dom und Albrechtsburg; Porzellanmanufaktur

Seite 15/39/45
Moritzburg
Barockschloss, mit Waldpark und Wildgehege; Teichgebiet

Seite 53
Nossen
Klosterpark Altzella

Seite 15/54/56
Pirna
Altstadt, mit alten Bürgerhäusern

Seite 57
Pretzschendorf
Talsperre Klingenberg

Seite 58
Radeberg
Schloss Klippenstein

Seite 40/60
Radebeul
Karl-May-Museum

Seite 15/62
Radebeul
Fahrt mit dem „Lößnitzdackel“

Seite 63
Radebeul
Schloss Hoflößnitz

Seite 15/64
Reinhardtsgrimma
Märchenwiese

Seite 65
Reinsberg
Reste des Rothschönberger Stollens

Seite 15/69
Tharandt
Jagdschloss Grillenburg

Wanderungen–Radtouren

Dresden – Meißen

COSWIG DE 2

Kreisangehörige Stadt.
Kreis: Meißen
Regierungsbezirk: Dresden
Bundesland: Sachsen
Einwohner: 24.900
Postleitzahl: 01640
Tel.-Vorwahl: 03523

Bis die von Winzern gefürchtete Reblaus Ende des 19. Jahrhunderts den Weinbau fast völlig zum Erliegen brachte, war Coswig ein idyllischer Winzerort am rechten Elbeufer. Heute prägt Industrie die „junge Stadt am grünen Rande Dresdens". Von der Boselspitze (182 m) im Spaargebirge auf Sörnewitzer Flur hat man eine beeindruckende Aussicht auf Coswig und Umgebung.

Geschichts- und Weinlehrpfad Diesbar-Seußlitz

Maximal 70 Höhenmeter hat man zu überwinden auf dem „Geschichts- und Weinlehrpfad" (Große Route: 7 km; kleine Route: 4 km) in Diesbar-Seußlitz, der Sie durch 4 000 Jahre Siedlungs- und 700 Jahre Weinbaugeschichte führt, vorbei am „Bösen Bruder", einem 65 m hohen Steilabfall, hinüber zu Bahrmanns Weinberg, wo 1908 die ersten Pfropfreben in Sachsen kultiviert wurden.

Hinter dem Barockschloss mit der Georg-Bähr-Kirche gelangen wir in den „Seußlitzer Grund" und stehen bald am Fuß der „Goldkuppe", einer bronzezeitlichen Wallanlage. Südlich von hier steht im Brummochsenloch das Wohnstalldoppelhaus von 1742. An den Weinlagen „Rodeberg", „Radewitz" und „Löbsal" geht's zurück zum Ausgangsort.

Geschichte: „Junge Stadt" nennt sich Coswig wohl auch, weil die Verleihung der Stadtrechte erst 1939 erfolgte. Alt aber ist ihre Geschichte, die sich bis ins frühe 11. Jh. zurückverfolgen lässt. 1349 wurde die Siedlung bereits als 'Kosowik' bezeichnet.

Sehenswertes: Spätgotisch ist die **Alte Kirche** in *Coswig*, das Baujahr (1497) steht über dem Südportal. Kassettendecke und Empore sind reich bemalt, rekonstruiert wurde die barocke Orgel. Barocke Malereien zeichnen die **Dorfkirche** (1737) in *Brockwitz* aus. Im benachbarten Pfarrhaus sind historische bäuerliche und handwerkliche Arbeitsgeräte nach Themen wie Weinbau, Ernte und Milcherzeugung ausgestellt.

Im Coswiger **Karrasburg-Museum** kann man sich über die Geschichte der Stadt informieren, daneben gibt es ständig Wechselausstellungen. Auf der Boselspitze ist von Anfang April bis Anfang Oktober der **Botanische Garten** geöffnet. Im Friedewald lässt es sich auf drei gut erschlossenen Lehrpfaden entlang plätschernder Wasser und romantischer Teiche geruhsam wandern.

Barockschloss in Seußlitz, umgeben von einem romantischen Park

DIESBAR-SEUSSLITZ C 1

Selbständige Gemeinde.
Kreis: Riesa-Großenhain
Regierungsbezirk: Dresden
Bundesland: Sachsen
Einwohner: 2.200
Postleitzahl: D-01612
Tel.-Vorwahl: 035267

Hauptort der Elbweindörfer an der „Sächsischen Riviera" entlang der „Sächsischen Weinstraße" ist zweifelsohne Diesbar-Seußlitz. Seit 1275 ist hier der Weinbau urkundlich nachweisbar. Als Besonderheit des Elbtals wird hier der Goldriesling angebaut. Schon Ende des 19. Jahrhunderts entwickelte sich der Ort zur Sommerfrische Leipziger Bürger.

Geschichte: Eine Vielzahl von Fluchtburgen (Burgställen) um Diesbar-Seußlitz weist auf eine frühe Besiedlung hin, relativ spät dagegen datiert mit 1205 (Seußlitz als 'Suselitz') und 1272 (Diesbar als 'Divesvere') die erste urkundliche Erwähnung. Von 1256 bis 1266 residierte der Meißener Markgraf Heinrich der Erlauchte auf seinem Schloss in Seußlitz, das er 1268/69 den Klarissinnen als Kloster (bis 1541/61) stiftete.

Die Weine der Elbweindörfer

Hauptsorten der Elbweine um Diesbar-Seußlitz sind die bekannten Weine wie Müller-Thurgau, Weißburgunder, Traminer, Riesling und Ruländer. Der Goldriesling ist eine Rebsorte, die nur noch im Elbtal angebaut wird.

Neu im Angebot ist seit 1993 der Graue Burgunder mit seinem vollen Bukett. Rotweinsorten wie Spätburgunder und Portugieser werden im Elbtal nur wenig kultiviert.

Seußlitzer Heiratsmarkt

Immer am Himmelfahrtstag haben ledige Frauen und Männer auf dem „Seußlitzer Heiratsmarkt" Gelegenheit, für einen (!) Tag unter die Haube zu kommen. Der 1991 wiederbelebte Brauch soll auf die Auflösung des Klarissinnenklosters im Jahre 1541/1561 zurückgehen, als die Nonnen das säkularisierte Kloster verließen und ihre Ordenstracht gegen ein bürgerliches Leben eintauschten.

Dieses historische Ereignis wurde damals mit einem Jahrmarkt gefeiert. Wie lange die dort geschlossenen Ehen hielten, ist nicht überliefert. Heutzutage werden die auf dem Heiratsmarkt versprochenen Ehen traditionell nach einem Tag wieder gelöst.

Sehenswertes: Auf den Grundmauern des Klarissinnenklosters ist das **Barockschloss** (1722-33) in *Seußlitz* erbaut. Baumeister war der Erbauer der Dresdner Frauenkirche, Georg Bähr, der auch die barocke **Kirche** (1726-29) nahe dem Schloss umbaute. Gotische Spitzbögen verraten die klösterliche Herkunft, auf dem alten Friedhof versetzen Grabdenkmale des 13. bis 18. Jh. den Betrachter in Erstaunen. Im französischen und englischen Stil ist der umgebende **Schlossgarten** gestaltet. Die **Heinrichsburg**, ein barockes Gartenhaus, erhebt sich unweit aus den terrassierten Weinbergen, über dem Schloss ragt die **Luisenburg**, ein altes Weinberghaus, empor. An den Schlosspark schließen sich der **Gondelteich** und der **Seußlitzer Grund** an, ein Naturschutzgebiet mit beeindruckenden Landschaftsformen. Nahe dem „Brummochsenloch", einem malerischen Seitental, hat sich ein Denkmal bäuerlicher Volksbauweise erhalten: das **Wohnstalldoppelhaus** (1742), das frühere herrschaftliche Winzerhaus. In der Elbeschleife erwartet der **Elbepark Hebelei** mit Tiergehege, Streichelzoo und Kinderspielplatz ganzjährig seine Besucher. **Burgwälle** aus vor- und frühgeschichtlicher Zeit legen sich wie ein Kranz um Diesbar-Seußlitz: die „Goldkuppe" (größte bronzezeitliche Wallanlage Sachsens) bei Seußlitz, der „Burgberg" bei Löbsal, die „Heinrichsburg" und der jenseits der Elbe aufragende „Göhrischfelsen" sowie Fluchtburgen (Schanzen) bei Hirschstein und Leckwitz.

Radwandern in den Elbweindörfern

Im „Haus des Gastes" von Diesbar-Seußlitz liegt für Interessierte eine Broschüre bereit, die Tipps für Radwanderungen durch die Elbweindörfer Diesbar-Seußlitz, Zehren und Hirschstein enthält. Hier ein Auszug daraus:

Tour 3 (15 km): Diesbar-Seußlitz – Autofähre Zadel – Niederlommatzsch – Diesbar-Seußlitz

Vom Haus des Gastes (mit Radverleih) in Diesbar-Seußlitz fährt man auf dem Elbe-Radweg Richtung Süden bis zur Autofähre Zadel, setzt dort über nach Zehren, fährt auf dem hier beidseitig entlang der Elbe ausgewiesenen Elbe-Radweg nordwärts bis Niederlommatzsch und lässt sich dort mit der Personenfähre nach Diesbar-Seußlitz zurückbringen.

Im Schlosshof, im Weinberg, in der Altstadt, auf dem Burgberg oder am Flussufer – gefeiert wird überall: im Bild das Elbhangfest am Körnerplatz in Dresden

DIPPOLDISWALDE F 5

Kreisstadt.
Kreis: Weißeritzkreis
Kreissitz: Dippoldiswalde
Regierungsbezirk: Dresden
Bundesland: Sachsen
Einwohner: 8.400
Postleitzahl: D-01744
Tel.-Vorwahl: 03504

Nur 3 km sind es von der Kreisstadt Dippoldiswalde bis zum Naherholungsgebiet „Talsperre Malter". Wem ein Blick über die alte Silberstadt bis hin zur Sächsischen Schweiz genügt, der steige auf den 1886 erbauten König-Johann-Turm am Rande der weitläufigen Dippoldiswalder Heide.

Geschichte: Für 1218 findet sich in den Annalen ein erster urkundlicher Hinweis auf Dippoldiswalde. Im selben Jahrhundert ist auch schon der Silberbergbau am Ort nachweisbar. Das kostbare Edelmetall trug – mal mehr, mal weniger – zum Wohlstand der Bevölkerung bei, bis sein Abbau 1864 eingestellt wurde. Im Dreißig-

Rabenauer Grund

Nördlich von Dippoldiswalde erstreckt sich der wildromantische Rabenauer Grund, in den sich die Rote Weißeritz bis zu 80 m tief eingegraben hat. Von Tharandter Forstwissenschaftlern und Freiberger Bergleuten 1834 erschlossen, schlängelt sich seit 1882 die „Weißeritztalbahn", eine dampflokgetriebene Schmalspurbahn, durch das enge Tal mit seinen bizarren Felsen. Nahe Oelsa findet man in der Sandsteinklippe „Götzenbusch" Fossilien, in Rabenau steht ein einzigartiges Stuhlmuseum.

Talsperre Malter bei Dippoldiswalde

jährigen und auch im Siebenjährigen Krieg wurde die Silberstadt schwer in Mitleidenschaft gezogen.

Sehenswertes: Einen kleinen **Stadtrundgang** beginnt man am sinnvollsten am Obertorplatz. Hier war bis zum Abbruch des Obertors 1845 der Zugang für Gespanne. Durch die Herrengasse gelangt man in den unter Denkmalschutz stehenden Altstadtkern (historischer Marktplatz) mit dem spätgotischen **Rathaus**, das ein schöner Renaissancegiebel ziert. Die Kirchgasse leitet uns zum Schloss und zur **Stadtkirche St. Marien und Laurentius** mit ihrer wechselvollen Geschichte: die ursprünglich romanische Basilika fiel 1429 einem Brand zum Opfer; der Nachfolgebau, eine gotische Hallenkirche, wurde ebenfalls eingeäschert (1632, 1634), der Neubau von 1638 erhielt 1685 seinen achteckigen Turmaufsatz. Gegenüber der Stadtkirche steht seit dem Jahr 1540 das **Schloss**, vermutlich auf den Resten einer Befestigungsanlage aus dem 12. Jh. Erst 1840 kam der Nordflügel hinzu. Reste der 1814 abgerissenen **Stadtmauer** sind hier noch erhalten. Über die Bahnhofstraße, vorbei am Bahnhof der **Schmalspurbahn** Hainsberg - Kipsdorf, kommt man zum Friedhof mit der **Nikolaikirche**, einer turmlosen romanischen Basilika (Mitte 13. Jh.).

Danach empfiehlt sich ein Besuch des nahen **Lohgerbermuseums** mit der originalgetreu restaurierten Lohgerberei (von 1750 bis 1925 in Betrieb), in ihrer Art einzigartig in Europa.

Wanderungen um Dippoldiswalde

Wandervorschlag „Um die Talsperre Malter" (10,5 km):

Den Marktplatz in Dippoldiswalde verlassen wir über die Große Mühlstraße und Talsperrenstraße bis zur Brücke an der Vorsperre und wandern von dort zur Brücke über den Tännigtgrund. Bald sind Campingplatz und Erlebnisbad in Paulsdorf erreicht. Wir passieren die Gasthäuser „Seeblick" und „Strandperle". Von hier leitet uns fortan ein „grüner Querbalken" als Wegmarkierung bis zur Staumauer und dem Kleinbahnhaltepunkt Malter. Nach dem Campingplatz geht es ohne Markierung weiter. Hinter der Straßenbrücke biegen wir rechts in einen Fußweg, der parallel zur Kleinbahntrasse verläuft und am Ende des Stausees in die Talsperrenstraße in Dippoldiswalde mündet. Bis zum Marktplatz ist es dann nicht mehr weit.

Wandervorschlag „Durch die Dippoldiswalder Heide" (12,5 km):

Vom Busbahnhof in Dippoldiswalde folgen wir der Wegmarkierung (gelber Querbalken) über Rabenauer Straße zum Heidehof (mit Aussichtsturm). Nun leitet uns der „gelbe Punkt" über den Marktsteig zum Einsiedlerstein. Dort geht es links und – in Begleitung eines „grünen Querbalkens" – über den Malterweg bis „Steinernes Messer" (von hier Abstecher zur Ruine der Barbarakapelle möglich) und weiter zur „Wolfssäule". Hier links und dem „gelben Querbalken" folgend über Malter und Plattenweg (Tartarengrab) zurück nach Dippoldiswalde.

(Info: FVG Östliches Erzgebirge)

WAS TUN BEI REGEN ?

Coswig

Botanischer Garten
Boselspitze
1.4.-3.10.:Mi 9-17; Sa/So 10-17 h

Diesbar-Seußlitz

Gondelteich
Schlosspark
Sommer: an Wochenenden

Elbepark Hebelei
1.4.-31.10.: Mo - Fr 9 - 18 h;
Sa/So/Fei 9 - 18.30 h.
1.11.-31.3.: Mo - Fr 9 - 15.30 h;
Sa/So/Fei 9 - 16.30 h

Dippoldiswalde

Erlebnisbad Nixi
Malter-Paulsdorf
Tel. 03504/612169 o. 613385
Mo 10 - 20 h; Di - So 10 - 22 h

Dorfhain

Besucherbergwerk Aurora Erbstolln
Tel. 0351/6502700
Apr - Okt: Sa 10 - 15 h

Dresden

Zoo
Tiergartenstr. 1
Tel. 0351/478060
Sommer: 8.30 - 18.30 h
Winter: 8.30 - 16.30 h

Botanischer Garten
Stübelallee 2
Tel. 0351/4593185
jahreszeitlich unterschiedlich geöffnet (z.B. Apr-Sept 8-18 h)

Dampferfahrt
Sächsische Dampfschifffahrt
Hertha-Lindner-Str. 10
Tel. 0351/866090

Parkeisenbahn
Großer Garten
Tel. 0351/4593134
Apr - Okt

Stadtrundfahrt
ab Postplatz/Zwinger

Stadtrundgang
ab Theaterplatz
täglich 9.15, 11, 13, 15 h

Raddampfertour
ab Dr.-Külz-Ring und Augustusbrücke
täglich 10, 12, 14 h

Erlebnisbad Elbamare
Wölfnitzer Ring 65
Tel. 0351/410090

Freiberg

Besucherbergwerk „Himmelfahrt Fundgrube"
Fuchsmühlenweg 9
Tel. 03731/394571
Untertage-Schacht „Reiche Zeche": Mo - Fr 9.30 h; Sa 8, 11, 14 h (Mai-Sept jd. Sa, Okt-Apr 1. Sa im Monat).
Übertage-Schacht „Alte Elisabeth": Mai-Sept Mo-Fr 13 h, Sa 10 + 14 h, So 11 h.
Übertage-Schacht „Abraham": Mo - Fr 14 h.
Untertage-Wasserrad „Thurmhofer": n. Vereinb.

Hallenbad Wasserberg
Karl-Kegel-Str. 79
Tel. 03731/76019 o. 76076

Freital

Schmalspurbahn
Tel. 035056/33341

Windbergbahn
Tel. 0351/4013463

Freizeitbad Hains
An der Kleinbahn 24
Tel. 0351/6491795

Schwimmhalle
Zum Rabenauer Grund
Tel. 0351/6491795

Besucherbergwerk „Oberes Revier"
Burgk
Tel. 0351/6491562
Di + Do 13 - 16 h; jd. 1. So im Monat 10 - 17 h

Heidenau

Barockgarten Großsedlitz
Parkstr. 85
Tel. 03529/5639-0
Apr - Sept 7 - 20 h; Okt - März 8 - 16.30 h

Lommatzsch

Elbepark
Niederlommatzsch
Tel. 035247/51220

Meißen

Stadtrundfahrt
City-Bus (Haltepunkte: Porzellan-Manufaktur, Marktplatz, Albrechtsburg)
Tel. 03521/741631
Apr-Okt 10-17.30 h (halbstündl.)

Freizeitbad Wellenspiel
Berghausstr. 2
Tel. 03521/701130

Moritzburg

Wildgehege
Schlosspark
Tel. 035207/81488
März-Okt 10-18 h, Nov-Dez 9-16 h, Jan-Febr Sa/So 9-16 h

Pirna

Schwimmhalle
Seminarstraße
Tel. 03501/781560

Freizeitzentrum „Sächsische Schweiz"
Rottwerndorfer Str. 56 b
Tel. 03501/782220
täglich 8 - 24 h

Stadtführung
ab Tourist-Service,Am Markt 7
Tel. 03501/46570
Ostern - Oktober: Sa 10 h

Pretzschendorf

Erlebniswelt „Stracoland"
Colmnitz, Frauensteiner Str. 1
Tel. 035202/50210 o. 50201

Radeberg

Brauereibesichtigung
Dresdner Str. 2
Tel. 03528/454-880
Mo-Fr 9-17 h; Sa/So 10-15 h

Radebeul

Freizeitzentrum „Kroko-Fit"
Richard-Wagner-Str. 5
Tel. 0351/8302708 o. 8305205

Schmalspurbahn „Lößnitzdackel"
Sidonienstr. 1
Tel. 0351/46148001
Traditionsfahrten

Reinhardtsgrimma

Märchenwiese
Grimmasche Heide
Tel. 035053/41532
Mai-Sept: Sa/So/Fei 10 - 18 h;
Apr+Okt: Sa/So/Fei 10 - 17 h

Tharandt

Hallenbad
Kurort Hartha, Freizeittreff

Forstbotanischer Garten
Am Forstgarten 1
Tel. 035203/381274 o. 381258
Apr-Okt 8-17 h (Di 8-15.30 h)

Jagdkundliche Lehrschau
Grillenburg, Hauptstr. 7
Tel. 035202/2027
Di - So 10 - 17 h

DOHNA H 4

Kreisangehörige Stadt.
Kreis: Sächsische Schweiz
Regierungsbezirk: Dresden
Bundesland: Sachsen
Einwohner: 6.000
Postleitzahl: D-01809
Tel.-Vorwahl: 03529

Dohna, am Ausgang des reizvollen Müglitztales gelegen, rühmt sich, zweitälteste Stadt von ganz Sachsen zu sein. Strohflechter waren hier einst ein wesentlicher Wirtschaftsfaktor, heute prägt der Obstbau vornehmlich um die Ortsteile Borthen und Röhrsdorf das Landschaftsbild.

Geschichte: Ziemlich gesichert ist die bronzezeitliche Besiedlung der beiden Wallanlagen 'Rob(i)sch' und 'Burgberg'; aus letzterer Befestigungsanlage ging die 1040 erstmals erwähnte Burg hervor, die 1402 zerstört wurde. „Städtchen" ('Stettichin') nannte sich 1445 die nahe der Burg entstandene Siedlung, von „Stadt" ist erst 1590 die Rede.

Auf dem Elbe-Radweg

Vom Elbe-Radweg (von Schöna bis Dessau allein 260 km lang) führen rund 55 km durch die KOMPASS-Wanderkarte „1031 Dresden – Meißen". Über 80 Prozent des mit einem kleinen geschwungenen „e" bzw. mit R 2 markierten Fernradwegs verlaufen auf einem eigenständigen Radweg.

Der Höhenunterschied zwischen Start und Ziel ist gering, so beträgt er nur 60 Höhenmeter zwischen Schöna und Dessau. Es lässt sich also stromauf und stromab gleichsam bequem radeln. Berücksichtigt man aber die hier vorherrschenden Nordwestwinde, so empfiehlt sich elbaufwärts zu radeln, auch weil in dieser Richtung die Landschaft zunehmend schöner wird.

Service: „Rückenwind Reisen", Sonnenstr. 43, 26123 Oldenburg

Die Silberstraße

„Bergkgeschrey" von reichen Silberfunden hallte ab dem 12. Jahrhundert vom Erzgebirge bis hinauf nach Dresden und löste in den zahlreich aus dem Boden wachsenden Bergbausiedlungen entlang der historischen Silberstraße über Freiberg, Tharandt und Freital Goldgräberstimmung aus. Zu den Bergleuten gesellten sich Händler, Kaufleute und auch Wissenschaftler.

Bis zur Mitte des 17. Jahrhunderts währte die wirtschaftliche Blüte entlang der Silberstraße, dann versiegte der Silberstrom oder das Silber verlor als Edelmetall an Bedeutung. Andere Erwerbsquellen mussten gefunden werden und fanden sich im Holzkunsthandwerk.

Sehenswertes: In der spätgotischen **Marienkiche** (1489) fällt ein geschnitzter Altar (1518) besonders ins Auge, das Taufbecken stammt aus dem 16. Jh. An die Postkutschenzeit erinnert noch die **Postmeilensäule** (1731) an der Ostseite des Marktes. In der „Alten Apotheke" (1690) ist das **Heimatmuseum** untergebracht. Mauerreste aus dem 14. Jh. findet man von den beiden bekannten **Wallanlagen** noch am „Burgberg". Slawische **Rundlinge** sind in Borthen, Burgstädtel, Sürßen und Bosewitz zu finden.

DORFHAIN DE 5

Selbständige Gemeinde.
Kreis: Weißeritzkreis
Kreissitz: Dippoldiswalde
Regierungsbezirk: Dresden
Bundesland: Sachsen
Einwohner: 1.300
Postleitzahl: D-01738
Tel.-Vorwahl: 035055

Dorfhain, das „Dorf am Hain", in schöner Lage in einer flachwelligen Hügellandschaft zwischen „Tharandter Wald" und dem Tal der „Wilden Weißeritz", unterhält einen historisch wie landschaftlich reizvollen Bergbaulehrpfad, der von Wanderern wie Spaziergängern mühelos zu bewältigen ist.

Geschichte: In einer späten Phase der deutschen Ostkolonisation wurde Dorfhain in der ersten Hälfte des 14. Jahrhunderts als Waldhufendorf angelegt. In einem markgräflichen Amtserbbuch findet sich für 1351 ein namentlicher Eintrag. 1632 plünderten und brandschatzten Kroaten das Dorf, danach raffte die Pest zwei Drittel der Bewohner hinweg. Auch 1762 wurde Dorfhain schwer heimgesucht, als es zwischen die Fronten der sich feindlich gegenüberstehenden Preußen und Österreicher geriet.

Sehenswertes: Einen weiten Bogen durch alle Stilepochen spannt die **Dorfkirche** (1632 ausgebrannt, nach 1634 erneuert): romanisch sind Fensterfragment und Sakristeitür, gotisch die Altarfenstergewände, Taufstein und Wandfries, die Kanzel stammt aus der Zeit der

Besucherbergwerk „Aurora Erbstolln"

Südwestlich von Dorfhain eröffnet sich dem Besucher im Schaubergwerk „Aurora Erbstolln" die Welt des Silbererz-Bergbaus. Neben einer Haspelschachtanlage können auch Firsten- und Stroßenbaue besichtigt werden.

Bereits um 1330 soll ein Conrad Theler um Höckendorf und Klingenberg Silberbergwerke angelegt haben. Der „Aurora Erbstolln" geht auf eine Mutung Anfang des 16. Jahrhunderts zurück. Hier gruben sog. Eigenlehner nach dem edlen Metall, meist in einer Belegschaft von ein bis vier Mann. Neben silberhaltigem Blei- und Kupfererz wurden um 1850 auch Fluorit und Baryt abgebaut.

Bergbaulehrpfad

Auf dem 10 km langen „Bergbaulehrpfad" zwischen Dorfhain und Klingenberg wird der Wanderer seit 1990 an zahlreichen Zeitzeugen der mittelalterlichen Bergbaugeschichte vorbeigeführt.

Beginnend an der Zeche „Edle Krone" mit seinem gut erhaltenen Huthaus führt der Weg zunächst am Stolln „Unverhofft Glück" vorbei nach Dorfhain zur Nieder-Mühle. Unterwegs empfiehlt sich eine Rast in der Barth-Mühle. An der Stübe-Mühle vorbei gelangt der Wanderer durch ein romantisches Wiesental zur Winkel-Mühle und von dort zum Besucherbergwerk „Aurora Erbstolln". Danach setzt sich der Lehrpfad fort zur Hosen-Mühle und dann Richtung Damwildgehege nach Klingenberg Bahnhof.

Historisches Gasthaus „Weißer Hirsch" in Dresden

Weit über 300 Jahre schon, genau gesagt seit 1686, steht der Gasthof „Weißer Hirsch" in den Weinbergen am Dresdner Elbhang. Und damit die Historie seiner schönen Lage nicht verloren geht, hat man Bilder zum Ruhme des Landes und des Hauses an die Wand gemalt.

Zur bildhaft dargestellten Geschichte werden sächsische Spezialitäten gereicht: Moritzburger Fasan auf Linsen in Meißner Rieslingsoße – das passt so richtig in diese Landschaft!

„Weißer Hirsch", Dresden, Erholung, Rißweg 39

Renaissance, Emporen und Kruzifix hat die Barockzeit beigesteuert, der Klassizismus „begnügte" sich mit Orgelprospekt und Liedtafeln, neben gründerzeitlichen Gemälden stehen Altarleuchter der Moderne.

An der Schulstraße in *Großdorfhain* steht ein **Steinkreuz** mit den eingemeißelten Jahreszahlen 1723 und 1863, es dürfte aber wesentlich älter sein. Die einst vorherrschende Fachwerkbauweise hat sich gut im alten **Pfarrhof** (1764) erhalten.

Im Tal der „Wilden Weißeritz" stößt man auf Zeugen längst vergangener Erwerbszweige: alte Wassermühlen und Spuren des Bergbaus auf Silbererz. Talaufwärts, zwischen Barthmühle und Hosenmühle, informiert ein **Bergbaulehrpfad** über die mühevolle Arbeit der Silberschürfer. Höhepunkt der Wanderung aber ist das **Besucherbergwerk** „Aurora-Erbstolln".

Vom schattigen Biergarten („Ballhaus Watzke") an der Elbe ein Blick auf die Altstadtsilhouette von Dresden

Dresden erleben

DRESDEN EH 2-4

Landeshauptstadt von Sachsen
Höhenlage: 101 - 315 m
Regierungsbezirk: Dresden
Bundesland: Sachsen
Einwohner: 477.700
Postleitzahl: D-01067 – 01326
Tel.-Vorwahl: 0351

Die sächsische Landeshauptstadt ist eine Großstadt mit unverwechselbarem Flair: Historische Bauwerke erhalten ihre alte Schönheit wieder, moderne Architektur setzt neue Akzente. Symbol für den nach 1990 erneut in Schwung gekommenen Wiederaufbau ist die Frauenkirche. Umgeben von Erzgebirge, Lausitzer Bergland und Sächsischer Schweiz ist „Elbflorenz" auch ein idealer Ausgangspunkt für Wanderungen und Radtouren.

Körner-Rundweg

Ausgangspunkt einer Wanderung über den Körner-Rundweg (1 Std., gelbe Markierung) ist der Körnerplatz in Dresden-Loschwitz. Nur wenige Schritte sind es bis zum Körnerhaus (Körnerweg 6), wo Schiller oft zu Gast war. Der Körnerweg geht bald in den Treidelpfad entlang der Elbe über. Am Klengel-Gedenkstein betritt man durch ein Tor den Heilstättenweg. Nun führt der Rundweg durch lichten Buchenwald rechts zur Schevenstraße, wo eingangs der prächtige Landsitz („Dinglingers Weinberg") vom Hofjuwelier August des Starken steht. In der Schillerstraße treffen wir auf das „Schillerhäuschen", wo Schiller seinen „Don Carlos" schrieb (gegenüber das Körner-Schiller Denkmal). Zum Körnerplatz ist es dann nicht mehr weit.

Die Körners in Dresden

Im Hause von Christian Gottfried Körner (1756-1831) gab sich die geistige Elite von damals die Türklinke in die Hand – in der Stadtwohnung in Dresden, aber auch im Landhaus vor den Toren der Stadt in Loschwitz. Der preußische Staatsbeamte war ein Freund und Förderer von Friedrich Schiller, der 1785-87 und nochmals 1801 hier zu Gast war und im Weinberghaus (sog. „Schillerhäuschen") oberhalb des Körnerhauses in Loschwitz den „Don Carlos" und auch die „Ode an die Freude" schrieb. Sein Sohn Karl Theodor (1791-1813) fiel als Leutnant des Lützowschen Freikorps in den Befreiungskriegen nahe dem mecklenburgischen Gadebusch.

Geschichte: Unmittelbar neben einer slawischen Siedlung (Altendresden), die zum slawischen Wohngau 'Nisani' gehörte, errichteten die wettinischen Markgrafen von Meißen eine kleine Burg, den 1206 erstmals erwähnten Siedlungskern Dresdens. Nur zehn Jahre später ist daraus bereits eine 'Civitas' (Stadt) geworden. Nach der Teilung des wettinischen Gesamtbesitzes 1485 wählte die albertinische Linie unter Herzog Albrecht Dresden zur Residenz. Es begann ein rasanter Aufstieg, der 1547 in der Verleihung der Kurwürde einen vorläufigen Höhepunkt fand. Die Haupt- und Residenzstadt des Kurfürstentums Sachsen umgab sich - seiner neuen Bedeutung entsprechend - mit einer Vielzahl an Bastionen und Wällen. Nach 1720 prägte sich durch neu verfügte Bauvorschriften das barocke Gesicht

Empfehlenswerte Hotels

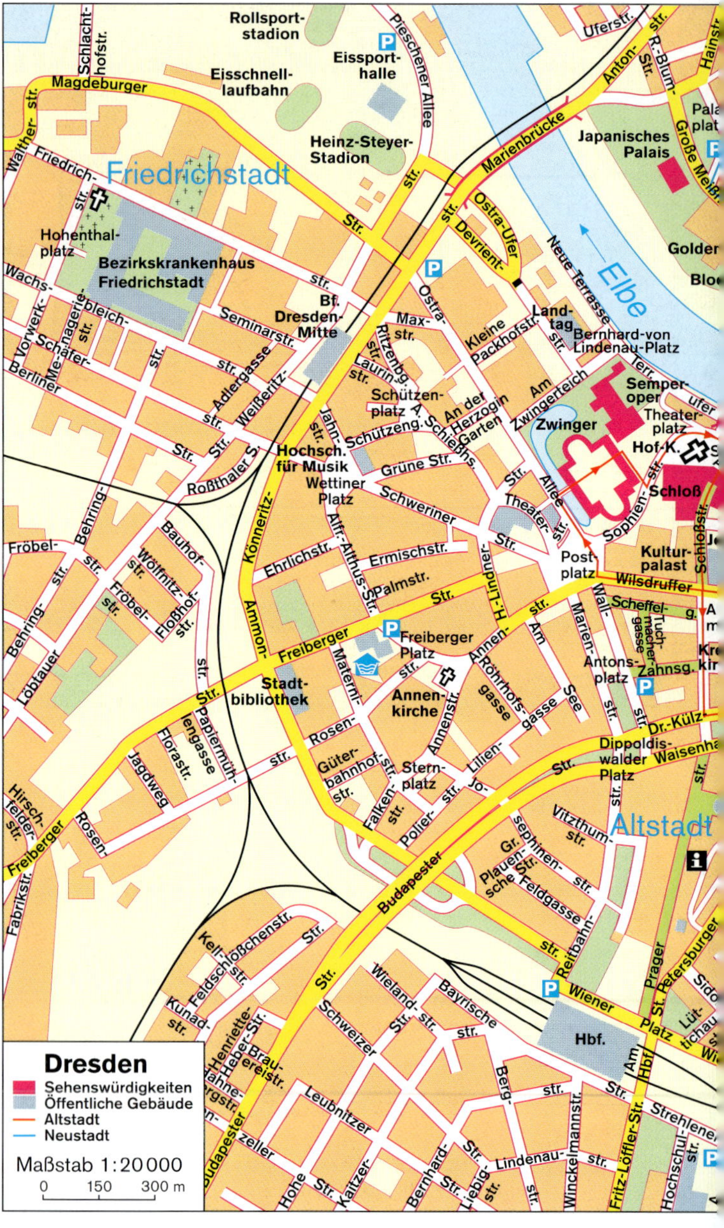
Dresden
Sehenswürdigkeiten
Öffentliche Gebäude
Altstadt
Neustadt
Maßstab 1:20000
0 150 300 m
Friedrichstadt
Altstadt
Elbe
Rollsport-stadion
Eisschnell-laufbahn
Eissport-halle
Heinz-Steyer-Stadion
Bezirkskrankenhaus Friedrichstadt
Hohenthal-platz
Bf. Dresden-Mitte
Japanisches Palais
Landtag
Bernhard-von Lindenau-Platz
Semper-oper
Theater-platz
Zwinger
Hof-K.
Schloß
Kultur-palast
Post-platz
Schützen-platz
Hochsch. für Musik
Wettiner Platz
Freiberger Platz
Stadt-bibliothek
Annen-kirche
Antons-platz
Dippoldis-walder Platz
Stern-platz
Hbf.
Magdeburger Str.
Walther-str.
Schlachthofstr.
Friedrich-str.
Pieschener Allee
Marienbrücke
Anton-str.
R.-Blum-Str.
Große Meißn.
Uferstr.
Ostra-Ufer
Devrient-str.
Neue Terrasse
Ostra-Allee
Max-str.
Kleine Packhofstr.
Am Zwingerteich
Wachs-bleich-str.
Menagerie-str.
Vorwerk-str.
Schäfer-str.
Berliner Str.
Seminarstr.
Adlergasse
Weißeritz-str.
Roßthaler Str.
Ritzenbg.-str.
Laurin-str.
Jahn-str.
Schützeng.
A. Schießhs.
An der Herzogin Garten
Grüne Str.
Schweriner Str.
Theater-str.
Sophien-str.
Schloßstr.
Wilsdruffer Str.
Könneritz-str.
Ammon-str.
Ehrlichstr.
Ermischstr.
Alfr.-Althus-Str.
Palmstr.
H.-Lindner-Str.
Freiberger Str.
Fröbel-str.
Behring-str.
Bauhof-str.
Wölfnitz-str.
Floßhof-str.
Löbtauer Str.
Materni-str.
Annen-str.
Annenstr.
Röhrhofs-gasse
Am See
See-gasse
Marien-str.
Wall-str.
Scheffel-g.
Tuch-macher-gasse
Zahnsg.
Dr.-Külz-Ring
Waisenhausstr.
Rosen-str.
Güter-bahnhof-str.
Falken-str.
Lilien-str.
Josephinen-str.
Poller-str.
Papiermühlengasse
Florastr.
Jagdweg
Hirsch-felder-str.
Fabrikstr.
Budapester Str.
Vitzthum-str.
Gr. Plauensche Str.
Feldgasse
Reitbahn-str.
Prager Str.
St. Petersburger Str.
Wiener Platz
Lüt-tichau
Kunad-str.
Feldschlößchenstr.
Kell-str.
Henriette-Heber-Str.
Brau-ereistr.
Schweizer Str.
Wieland-str.
Bayrische str.
Leubnitzer Str.
Zeller Str.
Hohe Str.
Kaitzer-Str.
Bernhard-Str.
Liebig-str.
Berg-str.
Lindenau-str.
Winckelmannstr.
Fritz-Löffler-Str.
Am Hbf.
Strehlener Str.
Hochschul-str.
Hainstr.
Sido

©KOMPASS
Albertplatz
Bautzner Str.
Hölzhofgasse
Dreikönigskirche
Kügelgenhaus
Jägerhof
Staatsarchiv
Pädagog. Hochschule
Carolaplatz
Landesregierung
Rosengarten
Rosa-Luxemburg-Platz
Albertbrücke
Hoyerswerdaer Str.
Carolabrücke
Thomas-Müntzer-Platz
Johannstadt
Anleger "Weiße Flotte"
Hochsch. f. Bild. Künste
Terrassenufer
Albertinum
Brühl. Garten
Frauenkirche im Aufbau
Rathenauplatz
Sachsenplatz
Gericht
Güntzplatz
Gerokstr.
Technische Universität
Kupferstichkabinett
Pillnitzer Str.
Striesener Str.
Tzschirnerpl.
Landhaus
Pirnaischer Platz
Grunaer Str.
Rathaus
Ring
St. Petersburger Str.
Fucikdenkmal
Straßburger Platz
Stübelallee
Dinglinger Str.
Stephanienplatz
Canalettostr.
Comeniusstr.
Deutsches Hygienemuseum
Lingnerplatz
Lingnerallee
Gläserne Fabrik (in Bau)
Botanischer Garten
Herkulesallee
Volkspark
Großer Garten
Puppentheater
Bürgerwiese
Blüherpark
Rudolf-Harbig-Stadion
Parkeisenbahn
Palais
Palaisteich
Parktheater
Zoologischer Garten
Lennéplatz
Tiergartenstr.
Richard-Strauss-Platz
Hochschule für Technik u. Wirtschaft

Anleger der Dampferflotte am Dresdner Terrassenufer

der Stadt - der sächsische Kurfürst und König August der Starke war hieran maßgeblich beteiligt. Preußische Kanonen zerstörten 1760 einen Teil der barocken Pracht, die Jahre zwischen 1806 und 1813 erlebten einen ständigen Wechsel zwischer französischer, österreichischer und russischer Besatzungsmacht. 1814 übernahm Preußen nicht nur die Verwaltung, sondern auch die Hälfte des Territoriums von Sachsen.

In den Bombennächten des 13. bis 15. Februar 1945 versank die Innenstadt Dresdens in Schutt und Asche, mit ihr starben mindestens 35.000 Menschen in den mit Flüchtlingen überfüllten elbnahen Stadtgebieten. Seit 1990 verschönert eine neue Phase des Wiederaufbaus die alte Residenzstadt.

Sehenswertes: Der Innenstadtplan von Dresden (S. 22/23) erleichtert mit empfohlenen, farbig markierten Rundgängen das Auffinden der wichtigsten Sehenswürdigkeiten.

Altstadt (rote Route): Vom Postplatz, dem zentralen Straßenbahnknotenpunkt, erreichen wir mit wenigen Schritten den spätbarocken **Zwinger** (1710-28), mit Gemäldegalerie, Porzellansammlung und Tierkundemuseum. Am Theaterplatz dominieren **Semperoper** (1838-41) und **Katholische Hofkirche** (1738-54). Neben dieser fünfschiffigen Basilika wächst das **Residenzschloss** (im Ursprung Ende 15. Jh., 1889-1901 im Stil der Neo-Renaissance sehr stark verändert) zu neuer Schönheit empor. Im Süden des Theaterplatzes das **Taschenbergpalais** (1705-1708), ein Prunkbau für die Gräfin Cosel, der Mätresse August des Starken (heute darin ein Luxusho-

Immer ein Besuch wert

Sächsisches Forstamt

MORITZBURG

Telefon 03 52 07/8 22 20

Telefax 03 52 07/8 22 18

ÖFFNUNGSZEITEN:

März bis Oktober	**täglich von 10 bis 18 Uhr**
November bis Dezember	**täglich von 9 bis 16 Uhr (außer 24./31.12. von 9 bis 13 Uhr)**
Januar und Februar	**nur Sa./So. 9 bis 16 Uhr** (außer 1. 1. von 11 bis 16 Uhr und in den sächsischen Winterferien von 9 bis 16 Uhr)

- **in Abhängigkeit vom Besucherandrang ist zeitweise auch länger geöffnet**
- **thematische Führungen nach Voranmeldung**

Moritzburg ist berühmt durch das in eine Wald- und Teichlandschaft eingebettete Jagdschloß. Die für ihre Jagdleidenschaft bekannten sächsischen Kurfürsten ließen in der Nähe ihres Schlosses einen Tiergarten anlegen. Das hier gehaltene Wild bot dem Hofadel die Voraussetzung für erfolgreiche Jagden.
Von diesem Tiergarten sind alte Bruchsteinmauern bis heute erhalten geblieben. Sie werden teilweise vom Wildgehege Moritzburg zur Abtrennung der Tiere genutzt.
Durch seine weiträumige Anlage, die historischen Mauern und die Lage in einer einmaligen Kulturlandschaft ist das Moritzburger Wildgehege ein Kleinod, in dem ein Besuch in jeder Jahreszeit zu einem besonderen Erlebnis wird.

ZOO DRESDEN

2700 Tiere erwarten Ihren Besuch. Für Kinder sind unser Streichelzoo – mit den Streicheltieren und einer Speisekammer voller Mäuse –, die Orang-Utans verschiedensten Alters und die Elefanten im neuen Afrikahaus immer ein Erlebnis. Gastronomisch betreuen Sie »Drumbo's Welt« ganzjährig sowie in der Saison das Pinguin-Café und die Kioske.

Ganzjährig geöffnet:
im Sommer: 8.30 – 18.30 Uhr
im Winter: 8.30 – 16.30 Uhr

Zoo Dresden, Tiergartenstraße 1, 01219 Dresden
Telefon (03 51) 4 78 06-0 · Info-Telefon (03 51) 4 78 06 66
Internet: http://www.zoo-dresden.de

Schweriner Straße 23
01067 Dresden

Mo-Fr 10.⁰⁰-19.³⁰ Uhr
Sa 9.⁰⁰-14.⁰⁰ Uhr

Telefon 4 90 26 42
Telefax 4 90 68 80
www.gipfelgrat.de

Der Gipfelgrat

Gipfelbuch

tel). Über eine Freitreppe steigt man hinter der Hofkirche zur **Brühlschen Terrasse** auf, 1739-48 als Lustgarten auf einem Festungswall (mit alten Kasematten) angelegt. Östlich schließt sich das **Albertinum** (1884-87) an, ein weitläufiger Museumsbau. Über Carola- und Augustusbrücke machen wir einen Abstecher zum Neustädter Ufer, um von dort die einzigartige **Silhouette der Altstadt** zu bewundern.

Am Terrassenufer bummeln wir zurück in die Altstadt und erreichen über Schießgasse und Landhausstraße mit dem frühklassizistischen **Landhaus** (1770-76, heute Stadtmuseum) den Neumarkt mit der **Frauenkirche**. Das 1726-43 errichte, 1945 zerstörte Wahrzeichen Dresdens erlebt seit 1994 eine Wiedergeburt. Im nahen **Johanneum** (1586-91), im 18. Jh. barock zur Gemäldegalerie umgestaltet, ist heute das **Verkehrsmuseum** untergebracht. Der „Lange Gang" im Stallhof zeigt auf der einen Seite 21 Arkadenbögen, die auf toskanischen Säulen ruhen, auf der anderen Seite den **Fürstenzug**, ein 101 m langes Wandbild aus Meißner Porzellankacheln, das alle wettinischen Fürsten als Reiter zeigt.

Die Schlossstraße leitet uns zum Altmarkt mit der **Kreuzkirche** (1764-92), der Heimstatt des Dresdner Kreuzchors. Dahinter erhebt sich der wuchtige Baukörper des **Neuen Rathauses** (1905-10) mit einer Aussichtsplattform (65 m) im Turm. Der „Rathausesel" am Eingang zum Ratskeller weist uns den Weg zur Gewandhaus- und Wilsdruffer Straße zurück zum Ausgangspunkt unseres Rundgangs am Postplatz.

Schlösserfahrt mit dem Dampfer nach Pillnitz

Im Zwei-Stunden-Takt (ab 10 Uhr) bringt Sie der Raddampfer ab Dresden-Terrassenufer zum Schloss Pillnitz, der barocken Sommerresidenz der sächsischen Könige, mit Lustgarten, Wasserpalais, Bergpalais und wunderschönem Park.

Vorbei geht's dabei an den imposanten Elbschlössern Albrechtsberg, Lingner Schloss und Eckberg. Unterwegs erleben Sie Ihr „Blaues Wunder", die erste freitragende Stahlbrücke der Welt in Loschwitz. In Loschwitz können Sie übrigens auch aus- und zusteigen, um zum Beispiel mit der historischen Bergschwebebahn auf die „Loschwitzhöhe" zu schweben.

Fahrplanauskunft:
Tel. 0351/ 8660940

Pillnitzer Elbblick

Einen herrlichen Blick auf die Elbe und die gegenüber liegende Elbinsel genießt man vom idyllischen Kaffeegarten des „Pillnitzer Elbblick" in Pillnitz. Auch in den gemütlichen Gasträumen ist der Blick in die Landschaft nicht verstellt.

Den Landschaftsgenuss lässt man sich am besten versüßen mit Dresdener Quarkkeulchen mit Apfelmus. Oder wer's deftiger mag: Die Pillnitzer Flugente mit Thymiansoße ist eine leckere Spezialität.

Pillnitzer Elbblick, Söbrigener Str. 2, Dresden-Pillnitz

Neustadt (blaue Route): Das alte Dorf Altendresden am nördlichen Elbeufer wandelte sich unter August dem Starken zur barocken Neustadt mit einem sternförmig angelegten Netz von Straßen, mit der Hauptstraße als Achse zwischen Albertplatz und Neustädter Markt. In ihrer Nähe gruppieren sich weitere historische Bauwerke, die man am besten vom Albertplatz ausgehend erkundet.

Geht man von hier die Königstraße bis zum Ende am Palaisplatz, stößt man unvermittelt auf das **Japanische Palais** (die Dachformen sind der japanischen Architektur entlehnt), ursprünglich 1715 als Holländisches Palais errichtet, 1727-36 aber zum Vierflügelbau erweitert; heute darin das **Völkerkundemuseum**. Über die Große Meißner Straße (Richtung Hauptstraße) begegnet man auf dem Neustädter Markt dem **Goldenen Reiter**, einem Denkmal August des Starken. Gegenüber liegend das **Blockhaus** (der Name stammt von seinem hölzernen Vorgängerbau), 1732-53 als „Neustädter Wache“ errichtet.

Jenseits des Neustädter Marktes steht der **Jägerhof**, ein Flügel des einstigen kurfürstlichen Jägerhofes (ältestes Baudenkmal Dresdens aus der Renaissance), heute residiert darin das **Sächsische Volkskunstmuseum**. Ab hier treten wir über Sarrasanistraße und Ritterstraße den Rückweg zum Albertplatz an und passieren dabei noch die **Dreikönigskirche** (1732-39), der Turm ist allerdings gut 100 Jahre später angefügt worden.

„August der Starke mit Gefolge“ in der kurfürstlichen Sommerresidenz von Pillnitz

EBERSBACH F 1

Selbständige Gemeinde.
Kreis: Riesa-Großenhain
Kreissitz: Großenhain
Regierungsbezirk: Dresden
Bundesland: Sachsen
Einwohner: 5.000
Postleitzahl: D-01561
Tel.-Vorwahl: 035208

Nur der Hauptort und die südlichen Ortsteile von Ebersbach fallen in den Kartenausschnitt.

Zur Zeit der deutschen Ostkolonisation wird *Reinersdorf* (1268 erstmals namentlich erwähnt) als Straßenangerdorf angelegt. Die **Dorfkirche** entstand wohl um 1550, ein Vorgängerbau jedoch ist bereits früher belegt. Ebenfalls nicht eindeutig geklärt sind Alter und Bedeutung eines **Steinkreuzes** nahe dem Friedhof; wie viele andere Steinkreuze in dieser Gegend dürfte es aus dem 16./17. Jh. stammen.

Knapp hundert Jahre später wird *Beiersdorf* historisch fassbar: 1347. Auch hier ist das Entstehungsdatum der **Dorfkirche** nicht eindeutig belegt, dürfte aber Anfang des 16. Jh. einzuordnen sein.

Bockwindmühle in Ebersbach

FREIBERG AB 5

Kreisstadt.
Höhenlage: 360-440 m
Kreis: Freiberg
Regierungsbezirk: Chemnitz
Bundesland: Sachsen
Einwohner: 46.300
Postleitzahl: D-09599
Tel.-Vorwahl: 03731

Eine weitgehend geschlossene Bebauung aus dem 16. Jahrhundert findet der Besucher der „Stadt am freien Berge“ im historischen Stadtkern vor. Der Silberbergbau ließ Freiberg über einige Jahrhunderte erblühen und begründete auch den Reichtum des sächsischen Herrscherhauses, bis das Silber aus der Mode kam und sich ein Abbau nicht mehr lohnte. Doch Spuren der wohlhabenden Vergangenheit sind überall im Stadtgebiet noch heute gegenwärtig.

Geschichte: Aus einer Schenkung Markgraf Otto des Reichen, die er wegen bald darauf entdeckter Silbervorkommen (1168) sogar wieder rückgängig machte, entwickelte sich nahe der Siedlung Christiansdorf die Bergmannssiedlung Freiberg („Sächsstadt“), die 1186 bzw. um 1215 Stadtrecht und Namen „Freiberg“ erhielt. Der wirtschaftliche Aufschwung dauerte bis Ende des 14. Jahrhunderts, als die oberflächennahen Silbervorkommen erschöpft waren und Techniken für einen Abbau weit unter Tage noch nicht zur Verfügung standen. Erst ab Mitte des 16. Jh. war man technisch dazu in der Lage, ein neuer Aufschwung begann. 1871 wurde das Silber als Münzmetall vom Gold ab-

Der Freiberger Obermarkt , der zu den schönsten Rechteckplätzen in Deutschland zählt

gelöst, der einstige Wohlstand begann zu bröckeln. 1913 fuhr die letzte Schicht ein; nach einer kurzen Wiederbelebung 1937 kam der Bergbau dann 1969 endgültig zum Erliegen. – Von 1711 bis 1751 unterhielt der berühmte Orgelbauer Gottfried Silbermann in Freiberg am Schlossplatz 6 eine Werkstatt für Orgelbau.

Sehenswertes: Historische Bausubstanz lässt sich am besten vom **Obermarkt** aus erkunden. Hier stehen prächtige Bürgerhäuser (Haus Schönlebe, Nr. 1), allerorten trifft man auf Renaissancemotive (Erker Ecke Obermarkt/Erbische Straße oder Portal des Ratskellers oder von Haus Nr. 17). An der Ostseite des Obermarkts werden im **Rathaus** (1410-14) in der einstigen Ratssilberkammer Kostbarkeiten aus Freibergs Vergangenheit aufbewahrt, im Rathausturm (anno 1471 niedergebrannt, danach wieder aufge-

Vom Freiberger Bauerhasen

Auf Burg Freudenstein lud Markgraf Friedrich der Freidige (1257-1323) einst zum Gastmahl mit dem wohl beleibten Klosterabt Bruno aus Freiberg, der den einfachen Leuten gern Wasser predigte, aber selber Wein trank. Bei diesem Festmahl wurde auch ein vom Hofkoch Bauer zubereiteter Hasenbraten aufgetischt, und das kurz vor Beginn eines Fastentages. Woraufhin der fromme Mann alsbald zur Mäßigung aufrief, was dem weltlicher Genüsse nicht abholden Markgrafen absolut nicht behagte. Bald schon ergab sich wieder eine solche Situation, doch der Fürst war nicht unvorbereitet auf die drohende Strafpredigt des Kirchenmannes: der Hasenbraten entpuppte sich als ein mit Mandeln gespicktes Gebäck, das fortan an Fastentagen als „Bauerhase“ verzehrt wurde. – Der Bauerhase wird nur im Café Hartmann in Freiberg gebacken.

baut und 1618 erhöht) spielt seit 1986 (800-Jahr-Feier) um 11.15 h und 16.15 h ein **Glockenspiel** aus Meißner Porzellan. Die **Petrikirche** (1725-34 umgestaltet), einst direkt am Obermarkt, geriet im 14./15. Jh. durch Neubebauung etwas ins Abseits.

Aus der teilweise erhaltenen **Stadtmauer** (eine Befestigung der Stadt ist ab 1233 verbrieft) sticht der runde **Donatsturm** (1450) hervor. In die Befestigungsanlagen einbezogen ist **Renaissanceschloss Freudenstein** (1566-79) der sächsischen Kurfürsten.

Am **Untermarkt** steht Freibergs berümtestes Bauwerk, der **Dom**, eine spätgotische Hallenkirche (1501 geweiht), mit romanischem Triumphkreuz (um 1230), Goldener Pforte (um 1230), Tulpenkanzel und Bergmannskanzel (1638) und der ältesten erhaltenen Silbermann-Orgel (1714).

Als besondere Attraktion empfiehlt sich das **Lehr- und Besucherbergwerk** „Himmelfahrt Fundgrube" mit der Schachtanlage „Reiche Zeche" (unter Tage), dem Schacht „Alte Elisabeth" (über Tage), dem Turmhofer Wasserrad (unter Tage) und weiteren Bergbaudenkmalen.

Rund um Freiberg

„Mit Rad & Bike auf Tour" der Fremdenverkehrsgemeinschaft „Silbernes Erzgebirge" leitet den Radler etwa 30 km weit „Rund um Freiberg", wobei ein Höhenunterschied von nur etwa 50 m zu überwinden ist.

Gestartet wird dabei an der Freiberg-Information, Burgstr. 1, wo man sich auch gleich über den genaueren Verlauf der Route informieren kann. Erstes Ziel ist der „Freibergsdorfer Hammer", ein voll funktionsfähiges Hammerwerk aus dem 16. Jh. Über den Stadtwald (mit Waldbad) erreicht man die B 101, danach Zug (mit Dreibrüderschacht), Hilbersdorf, Halsbrücke (Altväterbrücke), Großschirna, Kleinwaltersdorf, Kleinschirna und wieder Freiberg.

Der Orgelbauer Gottfried Silbermann

„Churfürstlich sächsischer Hoff- und Landorgelbauer" durfte sich Gottfried Silbermann (1683-1753) zeit seines Lebens nennen – sein Ruhm ist auch heute noch nicht verblasst. Sein Handwerk gelernt hat er bei seinem Bruder Andreas (1678-1734) im Elsass, gewirkt hat er hauptsächlich in Sachsen.

Im Raum Freiberg können – außer der Großen und Kleinen Silbermannorgel im Freiberger Dom – in nachstehenden Kirchen Silbermannorgeln (in der Regel nach vorheriger Anmeldung im zuständigen Pfarramt) bewundert werden:

- *Großhartmannsdorf : Orgel von 1741*
- *Nassau: Orgel von 1748*
- *Oederan: Orgel von 1727*
- *Frankenstein: Orgel von 1753*

Das Gottfried-Silbermann-Museum (Tel. 037326/1224) in Frauenstein, wenige Kilometer südöstlich von Freiberg, ist dem Lebenswerk des großen Orgelbauers gewidmet. Seine beiden Orgeln für Frauenstein fielen Bränden zum Opfer. Gewohnt und gearbeitet hat der „Orgelmacher" über 40 Jahre im Haus Schlossplatz 6 in Freiberg.

Parade der Bergbruderschaft

FREITAL EF 4

Kreisangehörige Stadt.
Kreis: Weißeritzkreis
Kreissitz: Dippoldiswalde
Regierungsbezirk: Dresden
Bundesland: Sachsen
Einwohner: 40.200
Postleitzahl: D-01705
Tel.-Vorwahl: 0351

Unmittelbar vor den Toren Dresdens gelegen erlebte die 1921 aus Zusammenschluss mehrerer Gemeinden entstandene neue Stadt Freital in der Gründerzeit einen bedeutenden wirtschaftlichen Aufschwung. Heute wandelt sich die einst graue Stahlwerkerstadt zu einer in viel Grün eingebetteten Wohn- und Dienstleistungsstadt.

Geschichte: Slawischen Ursprungs sind eindeutig die Talgemeinden Deuben (1378 ersterwähnt), Döhlen (1206 erstwähnt) und Potschappel (1206 erwähnt), aus denen 1921 Freital gebildet wurde, sowie Burgk (1168 erwähnt). Als deutsche Siedlungen gelten Birkigt (1326 erwähnt) und Zauckerode (1206 erwähnt). Im 16. Jh. dominierten Ackerbau, Flößerei und Müllerei, im 18. Jh. war der Steinkohlebergbau der bestimmende Wirtschaftsfaktor. Zur Kohle gesellte sich das Eisen: Gießereien, Stahlwerke und Glasfabriken entstanden im 19. Jh. Die Kohle ging (um 1950), die Eisenverarbeitung blieb.

Zum Bergmannsgrab

Vom Freitaler Ortsteil Kleinnaundorf führt ein mit einem grünen Strich markierter, 7 km langer Wanderweg, entlang der Steiger- und Feldstraße, zum Bergmannsgrab, der Gedenkstätte für die hier am 2.8.1869 bei einer Schlagwetterexplosion tödlich verunglückten 276 Bergleute. Die grüne Markierung bringt uns dann zum Windberg (352 m) mit dem König-Albert-Denkmal (1904).

Vom Aussichtsplateau hat man einer herrlichen Weitblick über Freital, das Tal der Weißeritz und die bewaldeten Höhen des Döhlener Beckens. Auf dem Steinkohlenlehrpfad wandern wir weiter nach Burgk, wo wir im Schloss noch das Museum besuchen können.

Sehenswertes: Vom 352 m hohen **Windberg** hat man einen umfassenden Blick über Freital. Im **Schloss** von *Burgk*, einem seit dem 14. Jh. bekannten Herrensitz, sind heute die „Städtischen Sammlungen" untergebracht. Bestandteil des Museums ist das **Besucherbergwerk** „Tagesstrecke Oberes Revier Burgk" mit anschließendem Technikpark. Auf dem Friedhof von *Döhlen* steht ein **Gedenkstein** (1998) an die erste deutsche Ballonfahrerin Wilhelmine Reichard. Attraktion ist die täglich zwischen Freital-Hainsberg und Kurort Kipsdorf 26 km weit verkehrende **Schmalspurbahn** („Weißeritztalbahn"), auch mit „geführten Bimmelbahnfahrten". Nur Sonderfahrten unternimmt die **Windbergbahn,** die älteste deutsche Gebirgsbahn, zwischen Birkigt und Possendorf.

HEIDENAU H 4

Kreisangehörige Stadt.
Höhenlage: 110-215 m
Kreis: Sächsische Schweiz
Kreissitz: Pirna
Regierungsbezirk: Dresden
Bundesland: Sachsen
Einwohner: 17.600
Postleitzahl: D-01809
Tel.-Vorwahl: 03529

In günstiger Ausgangslage zur Sächsischen und Böhmischen Schweiz sowie zum Osterzgebirge wartet Heidenau mit einer ganz besonderen Attraktion auf: mit dem nahezu formvollendeten Barockgarten im Ortsteil Großsedlitz, einer 12 ha großen Parkanlage, die in der ursprünglichen Grundstruktur ihrer Anlage Anfang des 18. Jh. erhalten geblieben ist.

Ballonfahrerin Wilhelmine Reichard

Das hat es noch nicht gegeben! Am 16. April 1811 besteigt eine 23-jährige Frau (!) in Berlin einen Ballon und entschwindet in den wolkenlosen Himmel über der preußischen Hauptstadt. Pilotin ist Wilhelmine Reichard (1788-1848), eine unerschrockene Aeronautin, die insgesamt 17 Ballonfahrten unternahm, eine davon ihr aber fast das Leben kostete, als sie am 30.9.1811 von Dresden aus zu einem Höhenrekordversuch startet, das Bewusstsein dabei verliert und über der Sächsischen Schweiz abstürzt, aber überlebt. 1821 siedelt sie nach Freital über, wo sie auf dem Döhlener Friedhof bestattet liegt. Mit den Einnahmen aus ihren Ballonfahrten hat sie wesentlich den Aufbau eines Familienbetriebes in Freital unterstützt.

Geschichte: Heidenau entstand 1920 durch den Zusammenschluss mehrerer selbsständiger Gemeinden und erhielt wenige Jahre später (1924) das Stadtrecht. Die meisten Ortsteile sind sorbischen Ursprungs aus der slawischen Besiedlung zwischen 600 und 1200. Erst nach 1000 ließen sich hier die ersten deutschen Kolonisten nieder. Entsprechend spät datieren daher auch die ersten urkundlichen Erwähnungen: 1347 Heidenau und Mügeln, 1412 Großsedlitz.

Sehenswertes: Tausende von Besuchern zieht der **Barockgarten** in *Großsedlitz* alljährlich in seinen Bann. An dem nicht gänzlich fertiggestellten

Weißeritztalbahn

1882 eröffnet, 1883 bis Kipsdorf verlängert, folgt die traditionsreiche Schmalspurbahn noch heute, über 34 Brücken führend, dem Lauf der Roten Weißeritz durch den landschaftlich schönen Rabenauer Grund.

In 90 Minuten überwindet die gut 26 km lange Strecke zwischen Freital-Hainsberg und Kurort Kipsdorf im Osterzgebirge einen Höhenunterschied von 351 Metern. Zusätzlich zu den fahrplanmäßigen Fahrten wird original Dampfbahnflair mit Bimmeln, Pfeiffen und Zischen auf „geführten Bimmelbahnfahrten" angeboten. Treffpunkt ist (meist mittwochs) das Bahnhofsgebäude in Kipsdorf.

Barockgarten Großsedlitz

Schloss Heynitz

Schloss Heynitz, erstmals 1338 erwähnt, gehört zu den bedeutendsten spätgotischen Profanbauten in Sachsen. Die reichen Blendmaß-Werkgiebel lassen die Handschrift von Meister Jakob Heilmann erahnen. Innen wurde das Schloss 1847 und 1919 moderneren Wohnbedürfnissen entsprechend umgebaut. So entstanden ein Portal mit Freitreppe und ein verglastes Treppenhaus.

Doch auch gotische Stilelemente sind erhalten geblieben: der kleine Chor im Grauen Saal (mit Epitaphien derer von Heynitz), einige Balkendecken und Türgewände.

In dem restaurierten Gemäuer hat sich mittlerweile eine Heimatstube eingerichtet und auch die Gemeindeverwaltung residiert in historischem Ambiente. Der Festsaal wird für Konzerte genutzt und kann angemietet werden. Als Flächendenkmal ist der umliegende Park ausgewiesen, ein Gondelteich lädt zur Bootspartie in die Vergangenheit ein.
Schloss Heynitz, Gemeindeverwaltung, 01683 Heynitz

Schloss mit Barockgarten wurde von 1719 bis 7132 gearbeitet. Anfangs trat als Bauherr der sächsische Minister Graf Wackerbarth auf, später Kurfürst August der Starke. Die Gesamtanlage gefällt durch nahezu formvollendete Gestaltung der Oberen sowie der Unteren Orangerie, des Friedensschlösschens, durch Kaskaden, Skulpturen, Rabatten und Parterren. – Von der **Meuschaer Höhe** (208 m) und dem **Lugturm** auf dem Lugberg genießt man einen weiten Blick über die Elbtallandschaft.

HEYNITZ B 3

Selbständige Gemeinde.
Höhenlage: 294-306 m
Kreis: Meißen
Regierungsbezirk: Dresden
Bundesland: Sachsen
Einwohner: 1.600
Postleitzahl: D-01683
Tel.-Vorwahl: 035244

Beim größten Ortsteil von Heynitz, *Wendischbora,* dürfte die Westgrenze des slawischen Siedlungsgebietes gelegen haben. Vom hiesigen Rittergut bis zum Rittergut Ilkendorf verläuft ein **unterirdischer Gang**. Bemerkenswert ist eine aufs Jahr 1278 datierte Erwähnung von Bergbau. Die **Dorfkirche** stammt aus den Jahren 1833/1834.

In *Heynitz* steht ein **Schloss**, das auf eine Pfahlgründung aus dem 12. Jh. zurückgeht. Sein Wohnturm (1338 als „Turm mit Mauer" erwähnt) ist der älteste Gebäudeteil, die Gesamtanlage wurde 1585 vollendet (heute darin Gemeindeverwaltung und Heimatstube). Ein idyllischer Park mit Gondelteich verleihen dem Baudenkmal ein sehr einladendes Erscheinungsbild. Hausrat aus dem 19. Jh. und einheimische Minerale sind in der **Heimatstube** ausgestellt. In der **Dorfkirche** (1720), deren Vorgängerbau ins Jahr 1346 datiert, fällt ein holzgeschnitzter Taufengel (um 1720) ins Auge.

Für Wanderungen eignet sich das romantische **Mühltal**, als Aussichtspunkt mit weitem Blick über Lommatzscher Pflege die **Radewitzer Höhe** (303 Meter) mit Erbbegräbnisstätte und preußischer Schanze (1762) aus dem Siebenjährigen Krieg.

KÄBSCHÜTZTAL BC 2

Selbständige Gemeinde.
Gemeindesitz: Krögis
Kreis: Meißen
Regierungsbezirk: Dresden
Bundesland: Sachsen
Einwohner: 3.100
Postleitzahl: D-01665
Tel.-Vorwahl: 035244

Jahnabach und Käbschützbach prägen die reizvolle Landschaft um die Gemeinde Käbschütztal, die sich 1994 durch Zusammenschluss von Krögis, Planitz-Deila und Jahna-Löthain gebildet hat. Wanderer und Radfahrer finden auf dem Damm der einstigen Schmalspurbahn Meißen – Lommatzsch ideale Tourenbedingungen vor.

Geschichte: Der Hauptort Krögis ist 1183 als 'Chriguz' beurkundet , ein deutlicher Hinweis – wie bei fast allen anderen Ortsteilen der Gemeinde – auf den slawischen Siedlungsursprung. Im 18. Jahrhundert gewinnt der Bergbau auf Tonvorkommen, aber auch Kaolin, Bedeutung.

Sächsische Weinstraße

Zwischen Pirna und Diesbar-Seußlitz erstreckt sich über 55 km Länge die „Sächsische Weinstraße". Hier im kleinsten Weinbaugebiet Deutschlands wird seit über 800 Jahren Wein kultiviert.

Für den Wanderer empfehlen sich besonders die Weinberge um Diesbar-Seußlitz, im Spaargebirge bei Meißen, in den Lößnitzhängen um Radebeul sowie zwischen Dresden-Loschwitz und Pillnitz. Radeln lässt es sich am besten entlang der Elbe.

Straußwirtschaften

Erst seit 1995 gibt es auch an der Sächsischen Weinstraße Strauß- und Besenwirtschaften, die nur vier Monate im Jahr Wein ausschenken, hier einige ausgewählte Winzer:

Meißen:
H. Freudenberg, Max-Kamprath-Str. 14 b
B. u. A. Weber, Heiliger Grund 16
Familie Worm, Gelegegasse 9

Pirna:
J. Schreier, Postaer Str. 15

Radebeul:
H. Pardun, Eduard-Bilz-Str. 9
K. Seifert, Weinbergstr. 20a
Familie Roßberg (Tel. 0351/8384963)
Th. Teubert (Tel. 0351/8384650)

Niederau-Gröbern:
Familie Loose, Im Winkel 6

Sehenswertes: In der Lommatzscher Pflege heben sich bei den landwirtschaftlichen Anwesen beeindruckende Drei- und Vierseithöfe hervor.

Ein großer **Vierseithof** in *Planitz* ist seit 1530 in Familienbesitz. In der barocken **Saalkirche** (1727) gefallen die umlaufende Doppelempore und der hölzerne Kanzelaltar. Klassizistische Stilelemente zeigt das Innere der **Dorfkirche** (1733/1783) von *Krögis*, das **Pfarrhaus** lässt sich baugeschichtlich bis 1571 zurückverfolgen. Auf dem Gelände des 1924 geteuften „Glückauf-Schachtes" in *Mehren* wird seit 1995 ein **Bergbaumuseum** unterhalten, das die über 200-jährige Geschichte des Kaolin- und Tonabbaus im Meißner Gebiet dokumentiert. Als Müllerei gegründet wurde 1580 die **Mühle** (Betrieb 1971 eingestellt) in *Mauna*.

MUSEEN

Coswig

Historische Sammlung
Brockwitz, Niederseite 2
Tel. 03523/71744
1. So im Monat 11 - 12 h

Karrasburg-Museum
Karrasstr. 4
Tel. 03523/66450
Di, Do, Sa, So 13 - 17 h

Dippoldiswalde

Lohgerber-Museum
Freiberger Str. 16
Tel. 03504/612418
Mo - Fr 10 - 12, 13 - 17 h;
Sa, So+Fei 13 - 17 h (Nov/Dez 10 - 17 h)

Dohna

Heimatmuseum
Am Markt 2
Tel. 03529/512628
Di - Do 14-16 h; Sa/So 14-17 h

Dresden

Albertinum
Grünes Gewölbe, Münzkabinett, Gemäldegalerie Neue Meister
Brühlsche Terrasse
Tel. 0351/4914730 o. 4914622
Fr - Mi 10 - 18 h

Zwinger/Semperbau
Sophienstr. 2/Theaterplatz 1

Porzellansammlung, Zwinger, Eingang Glockenspielpavillon, Tel. 0351/4914622
Fr - Mi 10 - 18 h

Rüstkammer, Semperbau, Theaterplatz
Tel. 0351/4914626
Di - So 10 - 18 h

Gemäldegalerie Alte Meister Semperbau, Theaterplatz 1
Tel. 0351/4914622
Di - So 10 - 18 h

Japanisches Palais
Palaisplatz 11

Landesmuseum für Vorgeschichte, Tel. 0351/814450, Di - So 10 - 18 h

Museum für Völkerkunde, Tel. 0351/8144840, Di - So 10 - 18 h

Landhaus
Stadtmuseum
Wilsdruffer Str. 2
Tel. 0351/498660
Sa - Do 10 - 18 h

Johanneum
Verkehrsmuseum
Augustenstr. 1
Tel. 0351/8644-0
Di - So 10 - 17 h

Jägerhof
Museum für Sächsische Volkskunst
Köpckenstr. 1
Tel. 0351/8030817
Di - So 10 - 18 h

Freiberg

Dom
Untermarkt 1
Tel. 03731/22598
Führungen: Mai-Okt Mo-Sa 10, 11, 14, 15, 16 h; Nov-Apr Mo-So 11, 14, 15 h

Naturkundemuseum
Waisenhausstr. 10
Tel. 03731/32014
Sa, Di 10 - 17 h

Stadt- und Bergbaumuseum
Am Dom 1
Tel. 03731/23197
Di - So 10 - 17 h

Freital

Städtische Sammlungen
Schloss Burgk, Altburgk 61
Tel. 0351/6491562
Di-Fr 13 - 16 h; Sa/So 10 - 17 h

Schulhistorisches Museum
Birkigt, Gitterseer Str. 28
Tel. 0351/6491358
Mo - Fr 9 - 13 h;
1. Sa im Monat 10.30 - 15 h

Graupa

Richard-Wagner-Museum
Richard-Wagner-Straße
Di - So 9 - 16 h

Heynitz

Heimatstube
Schloss Heynitz
Tel. 035244/41296

Käbschütztal

Bergbaumuseum
Mehren, Glückauf-Schacht
Tel. 03521/402547
Mo - Do 9 - 15 h

Lommatzsch

Stadtmuseum
Markt 14
Tel. 035241/5400

Meißen

Staatliche Porzellan-Manufaktur
Talstr. 9
Tel. 03521/468700 o. 468208
Mai - Okt 9 - 18 h; Nov - Apr
9 - 17 h

Stadtmuseum
Heinrichsplatz 3
Tel. 03521/458857
Mo - So 10 - 17 h

Torhaus-Museum
Mittleres Burgtor
Tel. 03521/453312
Mo - So 10 - 17 h

Albrechtsburg
Domplatz 1
Tel. 03521/470710
März - Okt täglich 10-18 h;
Nov - Febr täglich 10 - 17 h

Dom
Domplatz 7
Tel. 03521/452490
Apr - Okt täglich 9 - 18 h;
Nov - März täglich 10 - 16 h

Moritzburg

Schloss-Museum
Schloss Moritzburg
Tel. 035207/81439
Mai-Okt Mo - Sa 10 - 17.30 h;
Nov-Apr Di - So 10 - 16.30 h

Käthe-Kollwitz-Haus
Rüdenhof, Meißner Str. 7
Tel. 035207/82818
Apr-Okt Di - Fr 11 - 17 h;
Sa/So 10 - 17 h

Müglitztal

Schloss-Museum
Schloss Weesenstein
Am Schlossberg 1
Tel. 035027/5436 oder 5426
Sommer: tägl. 9 - 18 h;
Winter: tägl. 9 - 17 h

Nossen

Heimatmuseum
Schloss Nossen
Am Schloss 3
Tel. 035242/50430

Pirna

Stadtmuseum
Klosterhof 2/3
Tel. 03501/527985
Mai-Okt Di - So 10 - 18 h;
Nov-Apr Di - So 10 - 17 h

Rabenau

Stuhlbaumuseum
Lindenstr. 2
1.+3. So im Monat 14 - 17 h

Radeberg
Heimatmuseum
Schloss Klippenstein
Schlossstr. 6
Tel. 03528/442600
Di-Fr 9-12, 14-16 h; So 11-17 h

Radebeul
Weinmuseum
Hoflößnitz, Knohllweg 37
Tel. 0351/8301322
Di - Fr 14-17 h; Sa/So 10-17 h

Karl-May-Museum
Karl-May-Str. 5
Tel. 0351/83730-0
März-Okt Di - So 9 - 18 h
Nov-Febr Di - So 10 - 16 h

Puppentheatersammlung
Im Hohenhaus, Barkengasse 6
Tel. 0351/8387571
Di - Fr 9 - 16 h

Radeburg
Heimatmuseum
Heinrich-Zille-Str. 9
Tel. 035208/4341

Siebenlehn
Heimatstube
Obergruna, Dorfstr. 72
Tel. 035242/64313

Tharandt
Forstbotanisches Museum
Am Forstgarten 1
Tel. 035203/381274
März-Okt: Sa - Do
13.30 - 15.30 h

Weinböhla
Heimatmuseum
Kirchplatz 19
Mai-Sept So 14 - 17 h

Sächsisches Ballhaus
Zentralgasthof
Kirchplatz 2
Tel. 035243/56000

WO WIRD WAS GEFEIERT?

Diesbar-Seußlitz
Heiratsmarkt
(Himmelfahrt)

Wein- und Schützenfest
(August)

Dippoldiswalde
Wassergassenfest
(Juli)

Dohna
Blütenfest
Borthen/Röhrsdorf
(2. Wochenende im Mai)

Lindenfest
Bosewitz (Juni)

Dresden
Elbhangfest
von Loschwitz bis Pillnitz
(letztes Juni-Wochenende)

Vogelwiese
Elbwiesen (Juli/August)

Striezelmarkt
Altmarkt (Adventszeit)

Freiberg
Bergstadtfest
(letztes Juni-Wochenende)

Käbschütztal
Heimatfest
Krögis (2. Juni-Wochenende)

Meißen
Weinfest
(September)

Altstadtfest
Altstadt (Pfingsten)

Markgrafenfest
Albrechtsburg
(Ende April/Anfang Mai)

Moritzburg
Hengstparade
Sächsisches Landesgestüt
(1., 2. + 3. Sonntag im Sept)

Fischzug
Teichgebiet (Ende Oktober)

Pirna
Stadtfest
(Mitte Juni)

Pretzschendorf
Heimatfest
Colmnitz (Ende Mai)

Vogelschießen
Klingenberg (Mitte September)

Radeberg
Frühlingsfest
Gewerbegebiet
(letztes Mai-Wochenende)

Altstadtfest
(1. September-Wochenende)

Radebeul
Karl-May-Festtage
Lößnitzgrund (Anfang Juni)

Winzerkirmes
Altkötzschenbroda
(September)

Reinsberg
Vogelschießen
(14 Tage nach Pfingsten)

Tharandt
Meilerfest
Breiter Grund (Pfingsten)

Triebischtal
Parkfest
Rothschönberg, Schlosspark

Weinböhla
Winzerfest
Kirchplatz (1. Sept.-WE)

FAHRRADVERLEIH

Diesbar-Seußlitz:
1. Haus des Gastes
2. Naturbad Goltzscha
3. Elbepark „Hebelei“

Dresden:
Hauptbahnhof
Tel 0351/4613262

Niederschöna:
Verkehrsamt Hetzdorf
Herrndorfer Str. 3
Tel. 035209/20425

Nossen:
Zweirad Sura
Schulstr. 1
Tel. 035242/71733

Pretzschendorf:
Bahnhof Klingenberg-Colmnitz

FAHRGASTSCHIFFE

Diesbar-Seußlitz:
Elbfahrten GmbH Riesa
Tel. 03525/632628

Dresden:
Sächsische Dampfschifffahrts
GmbH
Hertha-Lindner-Str. 10
Tel. 0351/86609-0, Fax 8660988
(Fahrplanauskunft:
Tel. 0351/8660940)

Pirna:
Sächsische Dampfschiffahrts
GmbH
Tel. 03501/528015

LOMMATZSCH A 1-2

Kreisangehörige Stadt.
Kreis: Meißen
Regierungsbezirk: Dresden
Bundesland: Sachsen
Einwohner: 6.300
Postleitzahl: D-01623
Tel.-Vorwahl: 035241

Seit Jahrhunderten Mittelpunkt der Lommatzscher Pflege liegt die Ackerbürgerstadt Lommatzsch eingebettet in das fruchtbare mittelsächsische Lösshügelland. Südöstlich der Stadt findet der Wanderer im Ketzerbachtal ein ideales Wanderrevier.

Geschichte: Die Gegend um Lommatzsch ist uraltes Siedlungsgebiet, das auch die slawischen Daleminzier um 1000 für ihre Wohnzwecke nutzten. In diese Zeit fällt auch die Bildung des slawischen Gaues 'Glomaci', in dessen Mittelpunkt sich um 1200 eine städtische Siedlung bildete. Urkundlich wird der Ortsname um 1190 fassbar.

Vincenz Richter

In neuem Glanz erstrahlt das 1525 als Zunfthaus erbaute Fachwerkhaus neben der Frauenkirche in der Meißner Altstadt, in dem Vincenz Richter 1873 eine Weinschänke einrichtete und mit allerlei Gerät, Waffen, Folterinstrumenten, Gefäßen und Porzellan aus mehreren Jahrhunderten ausstattete.

Zu einheimischen Gerichten wird Wein aus Meißner Anbaugebieten kredenzt.

Vincenz Richter, Meißen, nahe Frauenkirche, Tel. 03521/453285.

Lommatzscher Pflege

Das Gebiet der Lommatzscher Pflege erstreckt sich linkselbisch im Landkreis Meißen bis in die Nachbarkreise Döbeln und Riesa-Großenhain. Dank fruchtbarster Böden wird sie gern als Kornkammer Sachsens bezeichnet. Ihre Besiedlung erfolgte zur Zeit der Völkerwanderung durch die slawischen Daleminzier.

Bodenwellen gleich durchziehen zahlreiche Täler dieses fruchtbare Land. Es herrschen Höhenlagen zwischen 130 und 300 Metern vor. Streuobstwiesen und Obstbaumalleen im Einklang mit prächtigen Drei- und Vierseithöfen prägen das Landschaftsbild der Lommatzscher Pflege. Dazu bilden bewaldete Bachtäler, Hohlwege, Böschungen und extensiv genutzte Wiesen kleinräumige Biotope.

Sehenswertes: Hübsch anzusehen ist die dreitürmige, spätgotische **Wenzelskirche** (1504-1514); im Innern ein Barockaltar (1714). Am Marktplatz steht das **Renaissance-Rathaus** (1550-55), davor eine **Postmeilensäule**. In einigen ländlichen Ortsteilen zeugen prächtige **Drei- und Vierseithöfe** vom einstigen Reichtum der Bauern in der fruchtbaren Lommatzscher Pflege. Im ältesten Fachwerkhaus der Stadt (Markt 14) hat sich neuerlich das **Stadtmuseum** eingerichtet. Touristisch erschlossen werden zunehmend die **Tiefkeller** und zu einem attraktiven System zusammengefasst. Einst Ausdruck eines wohlhabenden Ackerbürgertums haben einstürzende Tiefkeller in neuer Zeit auch Probleme geschaffen.

Altstadt von Meißen, mit Dom

MEISSEN CD 2

Kreisstadt.
Kreis: Meißen
Regierungsbezirk: Dresden
Bundesland: Sachsen
Einwohner: 29.900
Postleitzahl: D-01662
Tel.-Vorwahl: 03521

Vom Flüsschen Meisa ('Misni'), das Meißen seinen Namen gab, ist heute in der Stadt des „Weißen Goldes" – das weiße Kaolin ist der Grundstoff für die Porzellanherstellung – nichts mehr zu sehen. Doch viel hat sich erhalten in der über tausendjährigen Stadt: die erhaben inmitten der Stadt thronende Albrechtsburg, der spätgotische Dom, sehenswerte Renaissancehäuser, enge Gassen, alte Weinkeller und grün umrankte Hinterhöfe – wahrlich ein „Sächsisches Nürnberg", mit über 800-jähriger Weinbautradition am klimatisch begünstigten Elbhang.

Geschichte: Kaiser Heinrich I. ahnte wohl nicht, dass er hier die „Wiege Sachsens" aus der Taufe hob, als er um 929 eine Befestigung auf dem Burgberg am strategisch günstigen Elbufer für die deutsche Ostkolonisation baute. Mit der Erhebung eines Markgrafen (965) sowie eines Bischofs (968) und später der Übertragung der Kurfürstenwürde an die Wettiner (um 1423) wurde Meißen zum Zentrum des Kurfürstentums Sachsen.

Ab dem 10. Jh. entwickelte sich im Bereich des heutigen Theaterplatzes eine Handelssiedlung und um 1150 am heutigen Markt eine urkundlich nachgewiesene, planmäßige 'civitas' (Stadt). Rückschläge in der Stadtgeschichte waren die Verlegung der Residenz nach Dresden (1485) und die Aufhebung des Bistums (1581). Als

Meissener Porzellan

Viele Jahre mühte sich in kurfürstlichem Auftrag der Alchimist J. F. Böttger, eine Rezeptur für Porzellan (bisher nur ein Importprodukt) zu mischen, was ihm schließlich 1708 gelang. August der Starke errichtete sogleich, überaus glücklich über den lang ersehnten Erfolg, 1710 auf der Albrechtsburg in Meißen Europas erste Porzellan-Manufaktur. 1863 wurde die Produktionsstätte ins Triebischtal (Talstraße) verlegt, wo seit 1916 in der Schauhalle (mit Schauwerkstatt) die kostbarsten Porzellane wechselnd der Öffentlichkeit zugänglich sind.

dem Alchimisten J. F. Böttger 1708 die Herstellung von Porzellan gelang, war der Grundstein für einen dauerhaften Aufschwung gelegt.

Sehenswertes: Am Stadtmuseum in der ehem. Franziskanerkirche am Heinrichsplatz beginnen wir unseren kleinen **Stadtrundgang**. Über die Elbstraße erreichen wir den historischen Marktplatz mit dem spätgotischen **Rathaus** (um 1472), der **Marktapotheke** (1560), dem in Teilen romanischen **Bennohaus** (Markt 9) und der spätgotischen **Frauenkirche** (15. Jh.) mit einem gotischen Altar (um 1480). Neben der Frauenkirche wird in einem Fachwerkhaus aus dem 16. Jh. bei **„Vincenz Richter"** Meißner Wein ausgeschenkt. Die Frauenstufen leiten uns zur Freiheit mit der **Afranischen Pfarre** (1535). Am Ende der Freiheit, gegenüber Rote Stufen (Haus Nr. 3 von 1510!), steht die **Afrakirche** (um 1300). Ein kurzes Stück Schlossstraße, vorbei an der Schlossbrücke, dem Mitteltor und Torhaus-Museum, und wir stehen auf dem Domplatz mit dem **Dom** (1260-1410) und der **Albrechtsburg** (1471-1500). Die Türme des Domes stürzten bereits 1413 nach einem Blitzeinschlag ein und wurden erst 1903-08 erneuert. Auf der Albrechtsburg hatte die Meißner **Porzellanmanufaktur** von 1710 bis 1863 ihre Produktionsräume, bevor sie ins Triebischtal verlegt wurde. Am Domplatz sehenswert ist auch das **Bischofsschloss** (1597) mit den Domherrenhöfen.

Weinwanderung

Zum Ratsweinberg in Meißen und durch die Weinberge von Proschwitz führt diese etwa 6 km lange Wanderung. Gegenüber dem Hauptausgang des Meißner Bahnhofs führt die Ludwig-Richter-Straße in wenigen Minuten zum Ratsweinberg hinauf. Bei Haus Nr. 6 steigt eine Gasse zu einem Aussichtspunkt auf. Anschließend biegen wir am Ende des Ratsweinbergs links in die Weinberggasse und steigen am Brückenkopf zum Elbdammweg hinunter.

Elbeabwärts wandern wir bis zum Hotel „Knorre", wo wir eingangs des Knorregrundes den Pfad zur Bennokanzel mit Aussichtspunkt wählen. Von der Kanzel gehen wir zurück, am Zaun entlang hinein in die Weinberge (Bocksberg). Von dort leitet uns links ein Sträßchen zum Schloss Proschwitz (ältestes sächsisches Weingut), dann über die Katzenstufen (vorsichtig absteigen!) wieder hinunter zur Elbe und am Fluss entlang zurück nach Meißen.

MORITZBURG F 2

Selbständige Gemeinde.
Kreis: Meißen
Regierungsbezirk: Dresden
Bundesland: Sachsen
Einwohner: 7.800
Postleitzahl: D-01468
Tel.-Vorwahl: 035207

Inmitten eines weitläufigen Teichgebietes und des ausgedehnten Friedewaldes ruht Moritzburg mit seinem Barockjuwel, dem Jagdschloss Moritzburg. Mit dem dampfgetriebenen „Lößnitzdackel" lässt sich der idyllische Ort von Radebeul und Radeburg nostalgisch erreichen.

Geschichte: Aus der alten deutschen Siedlung Eisenberg (12. Jh.) entstand 1934 Moritzburg, um auch namentlich den hier entstandenen Jagdschlössern mehr Bedeutung zu verleihen. Schon 1542-46 entstand ein eher schlichtes Jagdschloss, das August der Starke aber 1722-36 in ein barockes Prachtschloss umbauen ließ. - Käthe Kollwitz verbrachte die letzten Kriegsjahre (1944/45) in Moritzburg-Rüdenhof.

Sehenswertes: Trutzig erhebt sich das **Barockschloss** (1722-36) aus dem Schlossteich, über einen Damm erreichbar der nördlich vorgelagerte Schlosspark. Durch den Waldpark erreicht man das östlich gelegene **Fasanenschlösschen** (1769-82) am Großteich mit Mole und Leuchtturm; hier wurden zur Belustigung des sächsischen Hofstaats regelrechte „Seeschlachten" geschlagen. Das in der Nähe angelegte **Wildgehege** ist heute noch Ausflugsziel, ebenso das **Sächsische Landesgestüt**.

Schloss Moritzburg, inmitten einer Teichlandschaft

Die älteste und größte Raddampferflotte der Welt

Salonschiff „August der Starke“
Baujahr: 1994
Länge: 75 m
Sitzplätze: 559

Personendampfer „Dresden“
Baujahr: 1926
Länge: 69 m
Sitzplätze: 405
Historie: Außerdienststellung nach Brand im Juni 1946, Wiederindienststellung 1949 nach Wiederaufbau

Personendampfer „Pillnitz“
Baujahr: 1886
Länge: 64 m
Sitzplätze: 285
Historie: Als Glattdeckdampfer „Königin Carola“ in Dienst gestellt, 1926/27 zum Salondampfer umgebaut und in „Pillnitz“ umbenannt, 1943 in Hamburg in Evakuierungseinsatz

Personendampfer „Stadt Wehlen“
Baujahr: 1879
Länge: 59 m
Sitzplätze: 300
Historie: Als Glattdeckdampfer „Dresden“ in Dienst gestellt, 1926-62 unter dem Namen „Mühlberg“ fahrend

Personendampfer „Kurort Rathen“
Baujahr: 1896
Länge: 57 m
Sitzplätze: 300
Historie: Als Glattdeckdampfer „Bastei“ in Dienst gestellt, 1956 in „Kurort Rathen“ umbenannt, 1989 Außerdienststellung, nach histor. Rekonstruktion 1994 wieder in Dienst

Salonschiff „Gräfin Cosel“
Baujahr: 1994
Länge: 75 m
Sitzplätze: 571

Personendampfer „Leipzig“
Baujahr: 1929
Länge: 70 m
Sitzplätze: 425
Historie: 1944 Lazarettschiff, 1945 Bombentreffer, 1947 geborgen und repariert

Personendampfer „Meissen“
Baujahr: 1885
Länge: 64 m
Sitzplätze: 308
Historie: Unter dem Namen „König Albert“ 1885 in Dienst gestellt, 1927 verlängert und in „Meissen“ umbenannt, 1943 in Hamburg im Evakuierungseinsatz

Personendampfer „Diesbar“
Baujahr: 1884
Länge: 53 m
Sitzplätze: 228
Historie: Unter dem Namen „Pillnitz“ 1884 in Dienst gestellt, 1927 in „Diesbar“ umbenannt, 1978 stillgelegt, nach 1985 „technisches Denkmal“

Personendampfer „Pirna“
Baujahr: 1898
Länge: 56 m
Sitzplätze: 300
Historie: 1898-1919 als „König Albert“ in Dienst

Motorschiff „Bad Schandau“
Baujahr: 1987
Länge: 33 m

Motorschiff „Lilienstein“
Baujahr: 1982
Länge: 29 m

Topadressen in Moritzburg

Hotel Landhaus
Schloßallee 37
01468 Moritzburg
Tel. 03 52 07/8 16 03
Fax 03 52 07/8 16 04

Adams Gasthof
Markt 9
01468 Moritzburg
Tel. (0 352 07) 85 70
Fax (03 52 07)8 57 32

Eisenberger Hof ★★★

Inhaber: Ines Roll & Familie Mart
Kötzschenbrodaer Straße 8 · 01468 Moritzburg
Telefon (03 52 07) 8 16 73 · Telefax 8 16 84

Genießen Sie einen angenehmen Aufenthalt in einem unserer 24 modern eingerichteten Gästezimmer und einer Suite, die alle mit Kabel-TV, Radio, Telefon, Minibar, DU/WC und Balkon ausgestattet sind. Für Fitness und Entspannung steht Ihnen unsere Sauna und Sonnenbank zur Verfügung.

Hotel garni ★★★
SONNENHOF
Karl Gommlich

August-Bebel-Straße 69
01468 Moritzburg/
OT Reichenberg
Telefon 03 51/8 30 55 27
Telefax 03 51/8 30 54 69

Unser familiär geführtes Haus bietet Ihnen 17 liebevoll eingerichtete Komfortzimmer, teils mit Balkon, ein behindertengerechtes Zimmer, Sauna, Terrasse, hauseigene Parkplätze. Es ist ein idealer Ausgangspunkt für die Stadt Dresden und Umgebung sowie die Sächsische Schweiz.

Bild Seite 48/49: Großteich im Schlosspark Moritzburg, mit Leuchtturm

Schloss Moritzburg

In Ocker und Weiß, den Farben des sächsischen Barocks, präsentiert sich Schloss Moritzburg seinen Besuchern. Im Erdgeschoss kann man sich über die Baugeschichte des Prachtschlosses informieren oder der im Ort verstorbenen Malerin Käthe Kollwitz gedenken. Im ersten Stock zeigt das Museum kuriose Jagdtrophäen, aber auch Kutschen, Sänften und viel Hausrat zur Wohnkultur des 16.-18. Jahrhunderts. Die ältere Schlosskapelle (1661-71) ist in den barocken Bau einbezogen.

Zu den Außenanlagen gehören der von Menschenhand umgestaltete Schlossteich (das schlichte Vorgängerschloss stand lediglich auf einer Granitkuppe), der im französischen Gartenstil gehaltene Schlosspark und der größere Waldpark mit Fasanenschlösschen und Wildgehege.

MÜGLITZTAL H 5

Selbständige Gemeinde.
Kreis: Sächsische Schweiz
Kreissitz: Pirna
Regierungsbezirk: Dresden
Bundesland: Sachsen
Einwohner: 2.400
Postleitzahl: D-01809
Tel.-Vorwahl: 035027

Bereits im 19. Jahrhundert von Ausflüglern entdeckt ist das Müglitztal auch heute noch ein lohnendes Ziel für Erholungsuchende. Im Tal und auf den umliegenden Höhen vereint die Gemeinde Müglitztal die Orte Weesenstein, Burkhardswalde, Maxen und Mühlbach. Die Fin(c)kenfanghöhe, bekannt von einem Gefecht 1759 zwischen Preußen und Österreichern, gewährt Rundumsicht.

Geschichte: Beim Waldhufendorf Maxen stellte sich im November 1759 das preußische Korps des Generalleutnants v. Finck aus Dresden abziehenden Österreichern. Die strategisch wichtige Höhe südwestlich von Maxen wird seit der mit einer Niederlage für die Preußen verbundenen Attacke „Fin(c)kenfang“ genannt.

Weesenstein, vermutlich um 1200 entstanden, verdankt seine Ersterwähnung (1318) seinem Bergschloss. Das heutige Schloss stammt aus dem 16. Jh. und war nach 1838 häufiger Aufenthaltsort des sächsischen Königs Johann (1854-73), der das Müglitztal gern als „Sachsens schönstes Tal“ bezeichnete. Die Bewohner der ab 1500 am Fuße des Schlossberges entstandenen Siedlung waren keine Bauern, sondern Tagelöhner und Handwerker.

Adams Gasthof

1675 war ein wichtiges Jahr in der Geschichte des alten Dorfes Eisenberg, das man heute Moritzburg nennt: Das Dorf erhielt das Marktrecht und der Wirt Adam seine Schankerlaubnis. Seit diesem Jahr betreibt er in der soundsovielten Generation seinen Gasthof unweit des Schlossteichs mit dem prächtigen Barockschloss. An der Qualität seiner Speisen (vornehmlich Wild- und Fischspezialitäten) soll sich seitdem nichts geändert haben. Auch der Wirtsgarten am kleinen Teich nahe der Reitbahn hat nichts von seiner Idylle eingebüßt.

Adams Gasthof, Moritzburg, Tel. 035207/8570

Sehenswertes: Auf den Grundmauern einer Grenzburg (um 1200) steht das teilweise in den Fels gehauene **Schloss** (16. Jh.) in *Weesenstein,* mit einem Rundturm aus der Zeit um 1300. Heute beherbergt das Schloss ein **Museum**, die **Schlossmühle** lädt zum Schaumahlen ein. - An alte Bergbauzeit erinnern die **Kalköfen** von *Maxen*. Südwestlich des Orts gewährt der **Fin(c)kenfang**, Schauplatz eines Gefechts von 1759, einen umfassenden Blick auf Elbtal und Erzgebirge. Geschützte **Linden** bei *Hausdorf* und *Schmorsdorf* sind oft und gern besuchte Ziele von Wanderern und Radfahrern.

Barockschloss Weesenstein, Lieblingsrefugium vom Sachsenkönig Johann

NIEDERSCHÖNA BC 4

Selbständige Gemeinde.
Kreis: Freiberg
Regierungsbezirk: Chemnitz
Bundesland: Sachsen
Einwohner: 2.100
Postleitzahl: D-09600
Tel.-Vorwahl: 035209

Am Rande des Tharandter Waldes, dem „schönsten Wald Sachsens", liegt Niederschöna mit seinem staatlich anerkannten Erholungsort Hetzdorf. Dem Wanderer begegnen mittelalterliche Steinbogenbrücken sowie an die Zeit des Bergbaus erinnernde Stollen und Mundlöcher. Durchs Bobritzschtal westlich von Niederschöna zieht ein romantischer Wanderweg.

Rund um Hetzdorf

Immerhin 100 Höhenmeter hat man auf der rund 42 km langen Radtour „Rund um Hetzdorf" zu überwinden. Im Verkehrsamt in Hetzdorf liegt Kartenmaterial über den Rundkurs bereit, daher werden nachstehend nur die durchfahrenen Orte genannt.

Vom Verkehrsamt in Hetzdorf (Gemeinde Niederschöna) führt zunächst der Weg über den Glasschmelzplatz zum Jagddenkmal und weiter zum Erlebnisbad. Über Niederschöna (Silbermannorgel in der Dorfkirche!) geht's zum „Mittelpunkt Sachsens", Naundorf. Nachdem Klingenberg durchfahren ist, winkt bereits von fern das Jagdschloss in Grillenburg. Entlang der Seerenteiche und Warnsdorfer Quelle wird der Kurort Hartha erreicht. Die nächsten Stationen sind – immer auf Nebenstraßen oder Flurwegen – Spechtshausen, Landberg, Grund und Herrndorf bis zum Startort Hetzdorf.

Vom Räuber Lips Tullian

Er hat wirklich gelebt, der gefürchtete Räuber vom Tharandter Wald: Als Elias Erasmus Schönknecht 1675 in Straßburg geboren, musste er 27-jährig nach einem Duell fliehen. Unter verschiedenen Decknamen zog er unstet und unerkannt durchs Land, bis er sich als Lips Tullian der Räuberbande „Schwarze Garde" anschloss.

Im Tännichtgrund, einem Waldtal zwischen Naundorf und Colmnitz, hatte die Bande ihr Lager, in der Höhle „Diebeskammer" hortete sie ihre Beute, über unterirdische Gänge brachte sie sich bei Gefahr in den Tharandter Wald in Sicherheit. Bei einem Überfall 1711 wurde Lips Tullian gefasst und nach Dresden verbracht, wo man ihn am 8. 3. 1715 unter Beisein August des Starken hinrichtete.

Geschichte: Etwa um 1200 sind alle drei Ortsteile Hetzdorf, Niederschöna (1228 erwähnt) und Oberschaar (1378 erwähnt) entstanden. Der Bergbau hat die Gegend geprägt, selbst Zar Peter I. führte in Niederschöna Hammer und Schlegel.

Sehenswertes: Mit einer Silbermannorgel (1716) ausgestattet ist die **St.-Annen-Kirche** in *Niederschöna*. Steinkreuze erinnern an die Zeit früherer Unterdrückung. Zu den ältesten Gasthöfen Sachsens zählt der **Gasthof** in *Oberschaar* mit seinen Fachwerkgiebeln und Andreaskreuzen. Die dortige Dorfkirche verschönt ein Altargemälde eines flämischen Meisters. Im Sommer zieht das **Erlebnisbad** „Sumpfmühle" in *Hetzdorf* viele Besucher an.

NOSSEN A 3

Kreisangehörige Stadt.
Kreis: Meißen
Regierungsbezirk: Dresden
Bundesland: Sachsen
Einwohner: 6.500
Postleitzahl: D-01683
Tel.-Vorwahl: 035242

Nossen liegt an der Freiberger Mulde am Ostrand des sächsischen Mittelgebirges in einer Hügellandschaft mit Kuppen bis 350 m. Für Wanderer reizvoll sind das Muldental, der Zellwald oder der Kirschberg.

Geschichte: An einer Bergnase (slaw. 'nosu' = Nase), dem Schlossberg, haben sich bereits im 8. Jh. slawische Siedler niedergelassen. Mitte des 12. Jh. veranlasste der Markgraf von Meißen Rodungen, in deren Zusammenhang Nossen ('Nuzzin') 1185 urkundlich erwähnt wird. Nach 1315 übernahmen die Meißner Bischöfe, nach 1430 das Kloster Altzella Burg und Ort bis zur Reformation. Vier verheerende Stadtbrände zwischen 1540 und 1719 vernichteten wertvolle Bausubstanz. Mit dem Stadtrecht (1834) ging ein neuer Aufschwung einher.

Schloss Eckberg

Reizvoll liegt das Schlosshotel Eckberg am Elbhang oberhalb von Dresden. Von den Fensterplätzen und der Terrasse des Restaurants hat man einen herrlichen Panoramablick von der Silhouette der Dresdener Altstadt bis hin zum Elbsandsteingebirge.

Auch der Wanderer findet seinen Platz im vornehmen Ambiente.

Schlosshotel Eckberg, Bautzner Str. 134, 01099 Dresden-Loschwitz

Schloss Nossen und Klosterpark Altzella

Als Burg der Ritter von Nuzzin im 12. Jahrhundert auf einem Felsvorsprung über dem Muldetal erbaut und als Abtsitz zum Kloster Altzella gehörend wurde der Herrensitz im 16./17. Jahrhundert unter kurfürstlicher Obhut zum Renaissanceschloss umgestaltet.

Vor den Toren der Stadt, am Rande der Lommatzscher Pflege, sind die Reste des einstigen Zisterzienserklosters Altzella seit etwa 1800 in einen romantischen Landschaftspark eingebunden. Mit einer Schenkung im Jahre 1162 begann die Geschichte des Klosters, mit Einzug der Reformation endete sie. Außer einzelnen Gebäudefragmenten hat sich allein das Konversenhaus aus dem 12. Jahrhundert erhalten. Sehenswert auch das Mausoleum (1787) der Wettiner.

Sehenswertes: Bis 1315 war das **Schloss**, in dem auch Napoleon eine Nacht verbrachte, die Burg der Ritter von Nuzzin. Nach der Reformation 1540 ließ Kurfürst August das Schloss umbauen; es entstand der Westflügel als kurfürstliches Jagd- und Reiselager; 1630 kam ein Verwaltungstrakt hinzu. Heute dient das herrschaftliche Gebäude Wohnzwecken, einer Torstube und religiöser Andacht. Aus Steinen des aufgelassenen Klosters Altzella ist die **Stadtkirche** (1565) in Teilen aufgebaut; den heutigen Bau (1722-34) schmücken ebenfalls Teile des Klosters – zwei wertvolle Portale. Die **Ruinen** des **Klosters Altzella** (1162 gestiftet) bezog man um 1800 in einen englischen **Park** ein.

Nossen mit Schloss

PIRNA I 4-5

Kreisstadt.
Kreis: Sächsische Schweiz
Kreissitz: Pirna
Regierungsbezirk: Dresden
Bundesland: Sachsen
Einwohner: 42.600
Postleitzahl: D-01796
Tel.-Vorwahl: 03501

Pirna, das Tor zur Sächsischen Schweiz, charakterisiert sein mittelalterliches Stadtbild mit nur wenigen Worten: „Stadt der Erker, Giebel und Portale". In der Tat schmückte einst sein selbstbewusstes Bürgertum die Stadt mit kunstvollen Sitznischenportalen, symbolträchtigen Hausmarken und südländisch anmutenden Erkern.

Geschichte: Schon im 11. Jh. muss auf dem Sonnenstein eine slawische Befestigung bestanden haben. Deutsche Siedler ließen sich um 1220 am Fuße des Berges nieder; nur wenig später, 1233, erfolgt eine erste urkundliche Nennung, 1291 bereits die Bezeichnung „Stadt". Schon die Slawen erkannten wohl die wirtschaftliche Bedeutung des Sandsteins, aus dem später so viele berühmte Bauwerke im In- und Ausland errichtet wurden, und nannten ihre Siedlung 'na pernem' ('auf dem harten Stein'). – Bernardo Belotto, genannt Canaletto, hat 1752-55 in kurfürstlichem Auftrag die Altstadt von Pirna in zwölf Bildern porträtiert.

Sehenswertes: Die **Altstadt** zeigt sich als typische Anlage aus der Kolonisationszeit: im Zentrum ein schöner, rechteckiger **Marktplatz** mit dem **Rathaus** (im Ursprung 1485, umgebaut 1555/81) und parallel dazu

verlaufenden Gassen. Prächtige **Bürgerhäuser** stehen nicht weit entfernt: die Löwenapotheke von 1578 (Am Markt 17/18), das Engelserkerhaus von 1624 (Barbiergasse 10), das Teufelserkerhaus (Obere Burgstr. 1), das Canalettohaus von 1520 (Am Markt 7) und viele andere mehr (siehe auch Rahmentext „Alte Bürgerhäuser in Pirna").

Nahe dem Marktplatz erhebt sich die **Marienkirche** (1502-46) mit ihrem hoch aufragenden Dach, Sachsens größte spätgotische Hallenkirche. Ein zehn Meter hoher **Altar** (Anfang 17. Jh.) aus Pirnaer Sandstein, ein Spätwerk der Renaissance, dominiert im Kircheninnern. Im Kapitelsaalgebäude des ehem. Dominikanerklosters (1330/60 erbaut, 1539 aufgelöst) ist heute das **Stadtmuseum** untergebracht. Über der Stadt thront **Schloss Sonnenstein**, von dessen mittelalterlicher Bausubstanz nur wenig geblieben ist, dafür um so mehr die Erinnerung an die Gräueltaten der Nazis.

Als Ausflugsziel sei besonders das **Schloss Zuschendorf** (im Ursprung 11. Jh., 1553 umgebaut), im Seidewitztal, mit Botanischer Sammlung, empfohlen.

Auch ein Abstecher ins nördlich von Pirna gelegene **Graupa** lohnt sich, wo Richard Wagner 1846 an seinem „Lohengrin" arbeitete.

Alte Bürgerhäuser in Pirna

Wirtschaftlicher Wohlstand, Bürgerfleiß und der heimische Sandstein haben in Pirna ihrer Nachwelt in Gestalt prächtiger Handels- und Bürgerhäuser eindrucksvolle Zeitzeugen hinterlassen:

Niedere Burgstr. 1: Blechschmidthaus (Mitte 16. Jh.)
Am Markt 19: ehem. Wirtshaus „Weißer Schwan" (1699)
Am Markt 9: Handelshaus (im Kern spätgotisch)
Am Markt 12: Stadthaus (15. Jh.)
Schmiedestr. 8: ehem. Fronfeste
Schmiedestr. 19: Johannes-Tetzel-Haus (15. Jh.)
Lange Str. 1: ehem. Eckkaufhaus
Lange Str. 10: Bürgerhaus mit Barockportal von 1730
Dohnaische Str. 76: Abthaus (1490)
Dohnaische Str. 74: Kaufmannshaus (1500)

Auf Richard Wagners Spuren

Im Sommer 1846 weilte Richard Wagner (ab 1843 Hofkapellmeister in Dresden) in Graupa, um an seinem „Lohengrin" zu arbeiten. Zur Erinnerung daran wurde 1907 im „Lohengrin-Haus" eine Gedenkstätte errichtet, die man 1982 zum Richard-Wagner-Museum ausbaute.

Dem Museum gegenüber beginnt ein Wanderweg durchs Wesenitztal und den wildromantischen Liebethaler Grund zur Lochmühle (Gehzeit: etwa 1,5 Stunden). Dieser Lochmühlenweg war ein bevorzugter Spazierweg des großen Komponisten. Gleich am Anfang des Weges steht eine Bronzebüste, kurz vor der Lochmühle ein Bronze-Denkmal (1933) von Richard Wagner.

In der wasserbetriebenen Lochmühle kann man wie zu Wagners Zeiten auch heute noch einkehren.

PRETZSCHENDORF D 5

Selbständige Gemeinde.
Kreis: Weißeritzkreis
Kreissitz: Dippoldiswalde
Regierungsbezirk: Dresden
Bundesland: Sachsen
Einwohner: 5.000
Postleitzahl: D-01774
Tel.-Vorwahl: 035058

Aus den waldbestandenen Hängen des Tales der Wilden Weißeritz steigt Klingenberg vom Talgrund allmählich zur Neuklingenberger Höhe an. – Colmnitz, ein Waldhufendorf, zieht sich 7,5 km weit am Colmnitzbach entlang.

Geschichte: Im 12. Jh. zeichneten sich fränkische Siedler hier durch emsige Rodungsarbeit aus. Auch die erste urkundliche Erwähnung (der beiden in den Kartenausschnitt fallenden Orte) zeigt Gemeinsamkeit: 1348 Colmnitz und 1349 Klingenberg.

Zur Talsperre Klingenberg

Vom Bahnhof Klingenberg/Colmnitz führt ein Wanderweg hinunter zur Talsperre Klingenberg. Zuerst geht es auf die Neuklingenberger Höhe (476 Meter hoch) mit einem herrlichen Rundblick. Der ausgeschilderte Weg führt weiter durch Neuklingenberg und danach teilweise über den aufgelassenen Damm der einstigen Werkbahn, die Material für den Talsperrenbau transportierte. Die „Streichholzbrücke" (einst aus Holz, heute aus Beton) leitet uns sicher über den 18 m tiefen „Langen Grund". Über den Höhenweg erreichen wir bald die Staumauer der Talsperre Klingenberg.

Staunen im Stracoland

Gnom „Strac" und sein Gefolge aus Räuchermännern, Nussknackern und Blumenkindern wohnt seit altersher im „Stracoland" von Colmnitz, einem Pretzschendorfer Ortsteil. In dieser Erlebniswelt präsentiert sich erzgebirgische Holzkunst, hier kann man Reifendrehern, Spanbaumherstellern, Drechslern und Zinngießern über die Schultern schauen, den Geschichten einer alten Erzählerin lauschen, ein „Buckelbergwerk" besichtigen, einen 150 Jahre alten Weihnachtsberg bewundern – und möglichst schon im Sommer dem Weihnachtsmann seinen Wunschzettel überreichen.
Stracoland, 01738 Pretzschendorf - Colmnitz, Frauensteiner Str. 1

Sehenswertes: Ein **Rundblick** von der Neuklingenberger Höhe (476 m) in *Klingenberg* lohnt den Weg. Ebenso ein Besuch der **Klingenberger Talsperre** (1911-14) mit ihrer 46 m hohen und 312 m langen Staumauer aus Gneisbruchsteinen. Am Gückelsberg erfreut seit 1988 ein **Damwildgehege** nicht nur die Kleinen. Hübsch ist die **Dorfkirche** (1740-42) mit ihrem schlanken Zwiebelturm anzusehen. Vom einstigen **Rittergut** am Hochufer der Wilden Weißeritz haben sich Herrenhaus und Park erhalten. –
Auch die **Dorfkirche** (1780) von *Colmnitz* trägt eine Zwiebelhaube. - Im Hauptort *Pretzschendorf* (außerhalb der Wanderkarte) wartet die **Predigerkirche** (1733/34) mit ihrem sechseckigen Kirchenschiff mit einer Kuriosität auf: auf drei Emporen sind 1127 Sitzplätze nummeriert.

Radtour zum Felixturm und durch das Hüttertal

Ausgangs- und Endpunkt dieser rund 18 km langen Radrundtour ist Schloss Klippenstein in Radeberg. Hinter dem Schloss biegen wir in den linken Weg „Am Hofegrund" ein und fahren, uns immer rechts haltend, entlang der Kleingartenanlage zum Altenheim. Hier biegen wir links ab, überqueren auf Höhe des Krankenhausparkplatzes die Pulsnitzer Straße, radeln rechts in den Friedrichsthaler Weg und queren die Chr.-Seydel-Straße an der Ampelanlage. Nach etwa 2 km geht der Weg in den Feldhausweg über, der uns durch Friedrichsthal führt.

Weiter fahren wir geradeaus auf einem Flurweg über den Spitzberg in Richtung des Waldstücks „Landwehr". Dem Waldweg folgen wir etwa 500 m bis zur Wegkreuzung, biegen rechts ab, dann nach wenigen Metern links und befinden uns nun auf einem mit einem „grünen Punkt" (!) markierten Wanderweg, in den wir nach rechts einfahren (diese Wegmarkierung begleitet uns bis zum Felixturm und weiter nach Wallroda). Aus dem Wald kommend stoßen wir auf die Kamenzer Straße.

Auf ihr radeln wir in linker Richtung weiter, biegen nach rund 600 m rechts in den „Wendelsteig" ein, der uns nach Heinrichsthal bringt. Der markierte Weg führt uns weiter über Großröhrsdorfer-, Kleinröhrsdorfer- und Wallrodaer Straße auf den Hutberg (rechts geht's zum Felixturm). Bergab radeln wir nach Wallroda und wählen kurz hinter dem Ortseingang rechts den Weg mit dem „roten Strich" (!), dem wir durchs Hüttertal zurück zum Schloss folgen.

RADEBERG I 2-3

Kreisangehörige Stadt.
Höhenlage: 240 m (Marktplatz)
Kreis: Kamenz
Regierungsbezirk: Dresden
Bundesland: Sachsen
Einwohner: 18.800
Postleitzahl: D-01454
Tel.-Vorwahl: 03528

Ein traditionsreiches Bier wird in der „Röderstadt" Radeberg gebraut. Den Naturfreund zieht es aber wohl eher in die Wandergebiete der Dresdner Heide, des Seifersdorfer Tales und des Hüttertales.

Geschichte: Um 1200 wurde der unberührte Wald um Radeberg gerodet, 1219 erscheint erstmals der Ortsname in einer Urkunde, 1289 die Existenz einer Burg. Obwohl bereits 1344 als 'Stetchin' (Stadt) bezeichnet, darf offiziell das Stadtrecht erst seit 1412 beansprucht werden. Die Lage an der Handelsstraße (Salzstraße) nach Böhmen verschafften der Stadt Wohlstand, verheerende Stadtbrände (sieben zwischen 1521 und 1741) warfen Radeberg aber in der Entwicklung wieder weit zurück. Erst gegen Ende des 18. Jh. kam es zu einem erneuten wirtschaftlichen Aufschwung, gefördert durch den Bahnanschluss 1845. Anno 1872 wurde die Aktienbrauerei „Zum Bergkeller" gegründet, die seit 1885 als „Radeberger Exportbierbrauerei" firmiert.

Sehenswertes: Nah am Eingang zum Hüttertal wacht seit etwa 1200, damals noch als Grenzfeste der Meißner Markgrafen, **Schloss Klippenstein** (1289 ersterwähnt), Eulenturm (seit 1997 restauriert) und wenige Mauerreste sind der mittelalterlichen Burganlage zuzurechnen. 1543-46 erfolgte der Ausbau zum Amts- und Jagdschloss, das 1772 wesentlich umgestaltet wurde (heute darin auch das Heimatmuseum). Südlich des Schlosses haben sich an der Schlossstraße Reste der **Stadtmauer** erhalten. Von hier sind es nur wenige Schritte zum Markt mit dem **Rathaus** (1767-69) und den markanten Stadthäusern Markt 17 und 18. Westlich vom Markt steht am Kirchplatz (An der Kirche) die **Stadtkirche** (1486-98), die nach einem Stadtbrand (1714) erst 1730 erneuert wurde. Die älteste erhaltene Brücke von Radeberg ist die **Hospitalbrücke** (1764).

In *Großerkmannsdorf* stehen noch einige **Dreiseithöfe**, sehenswert auch die **Dorfkirche** (um 1700).

Der Planetenwanderweg

In Radeberg führt seit 1994 ein 2 km langer „Planetenwanderweg" durch das Hüttertal, von Schloss Klippenstein bis zum Felixturm nordwestlich von Wallroda. Hier kann man anschaulich die Größenverhältnisse der Sonne und ihrer neun Planeten studieren und sich zusätzlich in der Sternwarte „Erich Bär" (Stolpener Str. 48, nur Fr 19.30 h) informieren.

Vorbei an der Schlossmühle (erwähnt 1349) geht's hinein ins romantische Kerbsohlental der Großen Röder. Hinter der Felsklippe „Tote Frau", gegenüber der Knochenstampe, erreichen wir bald die „Hüttermühle" (1590) mit Einkehrmöglichkeit. Nicht mehr weit ist es dann bis zum 17 m hohen Felixturm (1824 als Observatorium erbaut) auf dem Schafberg (298 m). Zurück nach Radeberg geht's auf demselben Weg. Alternativ kann man auch die Talwanderung bis Wallroda fortsetzen.

Schloss Hoflößnitz in Radebeul

RADEBEUL EF 2-3

Kreisangehörige Stadt.
Kreis: Meißen
Regierungsbezirk: Dresden
Bundesland: Sachsen
Einwohner: 32.100
Postleitzahl: D-01445
Tel.-Vorwahl: 0351

Im Norden wird Radebeul von den rebenbedeckten Hängen der Lößnitz und im Süden vom sanft geschwungenen Band der Elbe begrenzt. Naturräumlich baut sich das Stadtgebiet unterschiedlich auf: Elbaue, Nieder- und Mittelterrasse, Steilabfall des Elbhangs und zuoberst die Hochflächen. Bewohner der nahen Großstadt Dresden haben sich hier ihre von großen Gärten umgebenen Sommerhäuser und Altersruhesitze geschaffen, was nicht unwesentlich zum Beinamen „Sächsisches Nizza" beigetragen hat

Karl May in Radebeul

„Old Shatterhand – das bin ich!" Wohl aus Eitelkeit identifizierte sich der weltbekannte Romanschreiber Karl May (1842-1912) mitunter mit einer seiner Romanfiguren. Doch in den fernen Ländern, die er so mitreißend beschrieb, ist er nie gewesen.

Schon 1888 zog der erfolgreiche Schriftsteller von Dresden in den Lößnitzgrund um, doch erst 1895 ließ er sich in der von ihm so benannten „Villa Shatterhand" am Kirchplatz in Oberlößnitz (heute Stadtteil von Radebeul) nieder. Im Garten baute er die „Villa Bärenfett". Beide Gebäude beherbergen heute das Karl-May-Museum, das seinem Lebenswerk gewidmet ist, aber auch den Indianern Nordamerikas.

Weinwanderung

Den 5 km langen „Weinwanderweg Oberlößnitz" in Radebeul kann man wegen seiner vielen Aussichten und Sehenswürdigkeiten am Wege als absoluten Geheimtipp allen Wanderern nur empfehlen!

Gestartet wird am Kleinbahn- und Straßenbahnhaltepunkt „Weißes Ross". Von dort erreichen wir über den Mühlweg bald die Hoflößnitzstraße und über „Am Goldenen Wagen" die Spitzhaustreppe, die wir hinaufsteigen. Oben am Bismarckturm können wir etwas rasten. Dann geht' s weiter, am Spitzhaus vorbei, abwärts über Eggersweg und Weberstraße, dann links in die Weinbergstraße bis vor zum Hohlweg, auf dem wir bald den „Straken" erreichen. Diesem folgen wir talwärts und finden über Weinbergstraße und Mühlweg zum Startpunkt zurück.

Geschichte: Radebeul entstand als Stadt 1924 durch den Zusammenschluss von zehn eigenständigen Gemeinden, 1935 kam noch Kötzschenbroda zur neuen Stadt „Radebeul" hinzu. Entsprechend fehlt ein gemeinsames Zentrum, dafür darf sich der Besucher aber vieler historischer Ortskerne erfreuen. Für Radebeul (1349 'Radebule') lässt sich der Siedlungskern noch heute auf der Flur "Am Kreis" (im Ursprung ein von Slawen besiedelter Rundling) erkennen. Seit Siedlungsbeginn im 13. Jh. bestimmte der Weinbau das wirtschaftliche Geschehen, bevor die Reblaus 1885/86 die Winzertätigkeit fast zu Erliegen brachte. Der Bau der Bahnlinie Dresden – Leipzig (1839) und der Schmal-

Empfehlenswerte Hotels
Dresden - Radebeul - Langebrück - Dippoldiswalde

spurbahn Radebeul – Radeburg (1884) läutete einen neuen, industriell geprägten Aufschwung ein.

Sehenswertes: Ganz vom Weinbau geprägt sind die meisten Weinbaumuseum mit eigener Schoppenstube zum Verkosten. Nördlich steigt man über eine Weinbergtreppe zum **Spitzhaus** (1622) auf, in dem man gut einkehren kann. Östlich unterhalb des Spitzhauses steht

Im Barockgarten von Schloss Wackerbarths Ruhe in Radebeul

Sehenswürdigkeiten von Radebeul, allen voran wohl **Schloss Hoflößnitz** (1649) mitten in den Lößnitz-Weinbergen. Dessen prachtvolle Innenausstattung, vor allem kostbare Wandtafeln und Deckengemälde, bilden den würdigen Rahmen für ein das weit und breit älteste Herrenhaus eines Weinguts, das **Bennoschlösschen** (1600). Am westlichen Stadtrand hat sich 1728/ 1729 Graf Wackerbarth seinen Altersruhesitz im eigenen Weinberg gebaut: **Schloss Wackerbarths Ruhe**, heute

Unterwegs mit dem „Lößnitzdackel"

In Wagen mit Holzbänken, beheizt von Kanonenöfen, zuckelt man an organisierten Tagen in den Traditionszügen der Schmalspurbahn Radebeul – Radeburg, liebevoll „Lößnitzdackel" genannt, durch den engen Lößnitzgrund. Gezogen werden die altehrwürdigen Wagen von einer Dampflok des Baujahres 1927. Die Zugbegleiter tragen historische Uniformen. – Passen auch Sie sich der Mode vergangener Tage an, dann macht die Fahrt doppelt Spaß!

Schloss Hoflößnitz

Als 'Hof in der Lößnitz' ist das heutige Schloss Hoflößnitz seit seiner Gründung 1401 durch die Wettiner bekannt. In seiner langen Geschichte diente es als Wirtschaftshof, Lusthaus für fürstliche Festlichkeiten – und heute der Kultur des Weinbaus.

In den fünf Erdgeschossräumen des 1650 errichteten „Berg- und Lusthauses" dreht sich alles um den Wein (mit Ausschank). Die fünf Obergeschossräume sind mit kostbaren Holzwandtafelmalereien und Deckengemälden auf Leinwand ausgestattet. Hier findet, im Festsaal, auch jährlich die „Kammermusik in der Hoflößnitz" statt.

Schloss Hoflößnitz, Knohllweg 37, 01445 Radebeul

darin das Sächsische Staatsweingut. Noch etwas weiter stadtauswärts steht nahe des Barkenberges (211 m) **Schloss Hohenhaus** (15.Jh.), die einstige Sommerresidenz Meißner Bischöfe, wo schon Gerhart Hauptmann 1881-84 zu Gast war (er heiratete eine Tochter des Hauses), heute jedoch eine Puppentheatersammlung beherbergt.

Im nach F. E. Bilz benannten **Bilz-Bad** am Meiereiweg 108 sorgt noch heute die älteste Undosa-Wellenmaschine (1912) der Welt für hohe Wellen und Badespaß.

Vom ständigen Auf und Ab in den Weinbergen ausruhen kann man sich auch bei einer nostalgischen Fahrt mit dem **Lößnitzdackel**, einer seit 1884 betriebenen Schmalspurbahn von Radebeul durch den Lößnitzgrund nach Radeburg.

RADEBURG F 1

Kreisangehörige Stadt.
Höhenlage: 150 m (Mittelwert)
Kreis: Meißen
Regierungsbezirk: Dresden
Bundesland: Sachsen
Einwohner: 7.900
Postleitzahl: D-01471
Tel.-Vorwahl: 035208

Trotz verheerender Stadtbrände, aber geringer Kriegszerstörungen hat sich in Radeburg ein ansehnlicher mittelalterlicher Ortskern erhalten können. Wanderer und Radfahrer erreichen von hier gut den Friedewald und das Moritzburger Teichgebiet.

Geschichte: Um 1100 stand hier bereits eine Wasserburg der Mark Meißen, die eine Furt durch die Röder sichern sollte. Sogar ein Hospital ist für 1284 belegt. Als 'oppidum' (Stadt) erfolgt 1289 eine erste urkundliche Nennung. Tiefe Wunden ins Stadtbild schlugen die Stadtbrände von 1612 und 1718. – Der Berliner Milieuzeichner Heinrich Zille (1858-1929) stammt aus Radeburg.

Sehenswertes: An die einstige Furt durch die Röder erinnert in der Röderstraße (Alte Furt) ein undatiertes **Steinkreuz** (möglicherweise sogar aus der Zeit des Burgwartes). Vor dem ehem. Schloss steht eine **Postmeilensäule** von 1728. Das Geburtshaus von Heinrich Zille am Markt existiert nicht mehr; nur eine **Gedenktafel** erinnert an den Standort des Hauses. Im Stadthaus nahe dem Rathaus ist seit 1928 das **Heimatmuseum** untergebracht. Traditionsfahrten sind mit der **Schmalspurbahn** möglich.

Zum Wilisch

Vom Schlosspark in Reinhardtsgrimma führt ein gut 15 km langer Wanderweg auf den 476 m hohen „Wilisch": Auf dem mit einem „roten Strich" gekennzeichneten Weg wandern wir ostwärts über Neue Häuser bis zum Gasthaus „Buschhaus". Dort wählen wir links den mit einem „grünen Strich" markierten Weg durch die Grimmasche Heide bis zum Lockwitzbach, dessen Tal wir rechts folgen. Über Gasthaus „Hirschbachmühle" erreichen wir bald das Gasthaus „Teufelsmühle", von wo wir links zum Wilisch aufsteigen. – Zurück folgen wir dem „grünen Punkt" über Hofeweg und Hirschbach bis Reinhardtsgrimma.

REINHARDTSGRIMMA G 5

Selbständige Gemeinde.
Höhenlage: 300-600 m
Kreis: Weißeritzkreis
Kreissitz: Dippoldiswalde
Regierungsbezirk: Dresden
Bundesland: Sachsen
Einwohner: 3.000
Postleitzahl: D-01768
Tel.-Vorwahl: 035053

Bekannt sind die Konzerte im **Barockschloss** (1767), mit englischem Park, und in der spätgotischen **Dorfkirche** (mit Silbermannorgel) in *Reinhardtsgrimma*. Hier lockt auch im Sommer auf der „Grimmaschen Heide" die **Märchenwiese** an. Interessant sind die **Basaltsäulen** im Krater am „Wilisch" in *Hermsdorf*. Herrliche Ausblicke gewähren der **Aussichtspunkt** „Wandersruh" und „Halsgericht" in *Reinhardtsgrimma* und bei den „Hausdorfer Linden" in *Hausdorf*.

REINSBERG B 4

Selbständige Gemeinde.
Höhenlage: 280 m (Mittelwert)
Kreis: Freiberg
Regierungsbezirk: Chemnitz
Bundesland: Sachsen
Einwohner: 3.400
Postleitzahl: D-09629
Tel.-Vorwahl: 037324

Reinsberg liegt mit seinen acht Ortsteilen im Bereich reizvoller Flusslandschaften der Freiberger Mulde, der Bobritzsch und des Triebischtals. Der mittelalterliche Silberbergbau hat etliche Spuren in der Landschaft hinterlassen.

Geschichte: Alle Ortsteile sind in der Mitte des 12. Jh. im Zusammenhang mit dem Auffinden von Silbererzen und der Gründung von Kloster Altzella entstanden. Reinsberg selbst erscheint erstmals 1197 in Urkunden. Obwohl bereits um 1500 'oppidum' (Stadt) genannt, ist dem Ort nie das Stadtrecht verliehen worden oder es wurde anderweitig abgetreten (für den Bereich um Schloss und Kirche hat sich der Flurname „Städtchen" erhalten).

„Kaffeesachsen"

Die Sachsen haben eine ausgeprägte Schwäche für Kaffee und Kuchen. Der liebevoll gemeinte Spitzname „Kaffeesachsen" mag eine Verbeugung vor der langen Tradition dieser „Sucht" sein, denn schon 1694 gab es ein erstes Kaffeehaus in Leipzig. Und was wäre der aromatischte Kaffee ohne den berühmten, von Sachsen ausgetüftelten „Bienenstich", der längst überall geschätzt wird.

Reinhardtsgrimma: Märchenstunde auf der Märchenwiese

Sehenswertes: Auf einer Höhe oberhalb der Bobritzsch erhebt sich in *Reinsberg* das **Schloss** (im Ursprung 12. Jh., 1404 und 1602 umgebaut). Nach Zerstörung im 30-jährigen Krieg, wurde es 1648 wieder aufgebaut, aber auch in späterer Zeit oft verändert. **Bergbaudenkmale** findet man im Bereich des „Rothschönberger Stollens“ (IV. Lichtloch). Nicht mehr in Betrieb ist die **Uhlig-Mühle** (1718) mit einem Wasserrad von 1920. Viel Betrieb herrscht dagegen im Sommer im **Erlebnisbad**.

Auch in *Neukirchen* haben sich am Ortsausgang in Richtung Hirschfeld **Überreste** von Übertageanlagen des **Rothschönberger Stollens** (II. Lichtloch) erhalten. Hübsch ist die **Dorfkirche**, ihr Turm mit Apsis dürfte spätestens 1450

Die Grabentour

Die „Grabentour“ (3,5 km) führt von Reinsberg entlang der Bobritzsch zur Krummenhennersdorfer Mühle. Der Wanderweg folgt dabei einem Kunstgraben, der 1844-46 beim Bau des „Rothschönberger Stollens“ angelegt wurde, um Aufschlagwasser zum Betreiben der Bergbaumaschinen zu gewinnen.

Bei der Wanderung folgt man der Markierung „blauer Strich im weißen Quadrat“ und lässt sich zusätzlich vom Kunstgraben leiten, der allerdings zur Hälfte unterirdisch verläuft. Unterwegs begegnet man Mundlöchern, Röschen (Felstunnel) und Halden von Lichtlöchern, von denen aus der Stollen vorgetrieben wurde, aber auch einem Naturdenkmal, der etwa 200 Jahre alten „Zitzenfichte“.

entstanden sein. **Kriegers Mühle** in *Steinbach* hatte an anderer Stelle einen Vorgängerbau, der 1726 niederbrannte. Die heutige Mühle wurde aber auch schon 1860 stillgelegt.

Zwei Burgen müssen nach alten Quellen in *Bieberstein* gestanden haben. An die Burg „Niederbieberstein" erinnern heute nur noch ein Keller und ein überwölbter Gang. Das eigentliche **Schloss** (1218 ersterwähnt) hat sein Aussehen auch mehrmals verändert: 1666 von Grund auf neu errichtet, erhielt es aber erst zwischen 1710 und 1721 seine heutige Gestalt.

In *Hirschfeld* lässt sich die **Dorfkirche** im Ursprung bis aufs Jahr 1214 zurückverfolgen, ihr Turm kam aber erst 1729 hinzu. Eindeutiger dagegen ist das Entstehungsdatum der **Dorfkirche** von *Dittmannsdorf*: 1594.

Über die Baumbrücke

Vom Erlebnisbad in Reinsberg gehen wir den Schneidemühlenweg hinunter bis zur Bobritzsch, die wir über eine (mit Handlauf gesicherte) Baumbrücke überqueren. Jenseits spazieren wir über eine Wiese in den Wald hinein, wo uns ein Waldweg den Berg hinauf nach Burkersdorf führt. Dort wandern wir rechts nach Bieberstein und weiter zum Schloss.

Abwärts geht's dann den Schlossberg hinunter bis zur Uhlig-Mühle. Ein Stück die Hauptstraße entlang bleibt uns nicht erspart, bevor uns rechts wieder ein Waldweg Richtung Schloss Reinsberg aufnimmt. An Schloss und Kirche vorbei leitet uns die Lindenallee zurück zum Erlebnisbad (Gehzeit: 90 Minuten).

Amalie Dietrich

Amalie Dietrich, 1821 in Siebenlehn geboren, gilt als erste weibliche Forschungsreisende der Welt in Sachen Biologie und Ethnographie. Sie sammelte, dokumentierte und präparierte unermüdlich und oft unter großen Strapazen Pflanzen und allerlei Kleingetier. Von 1863 bis 1873 intensivierte sie für ein Hamburger Unternehmen ihre Studien sogar in Australien. Sie starb weltweit anerkannt 1891 in Rendsburg.

SIEBENLEHN A 3-4

Kreisangehörige Stadt.
Kreis: Freiberg
Regierungsbezirk: Chemnitz
Bundesland: Sachsen
Einwohner: 2.300
Postleitzahl: D-09634
Tel.-Vorwahl: 035242

Auf „sieben Lehen" und auf Silberbergbau wurde die „Schuster-Residenz"-Stadt Siebenlehn gegründet. Heute dominiert im Landschaftsbild eine 408 m lange und 72 m hohe Autobahnbrücke über die Freiberger Mulde. Der Wanderer aber bevorzugt die Schönheiten von Zellwald und Muldental.

Geschichte: Schon um die Mitte des 14. Jh. schürfte man hier nach Silber und Kupfer; die Siedlung der Bergleute bildete sich um 1370. Ab dem 17. Jh. erlebte der Bergbau einen Niedergang, Bäcker und Schuster prägten danach das Arbeitsleben. Verheerende Brände verwüsteten mehrmals (1764, 1896, 1906) mittelalterliche Bausubstanz. – Die Naturkundlerin Amalie Dietrich wurde 1821 in Siebenlehn geboren.

Sehenswertes: Wahrzeichen der Stadt ist der 38 m hohe **Wasserturm** (1912). Dem Schusterhandwerk – Bergleute hatten immer Bedarf an festem Schuhwerk – wurde mit dem „Schusterjungen" auf dem Markt ein bleibendes **Denkmal** (1926) gesetzt, nahebei die **Stadtkirche** (1774-76). Im **Heimatmuseum** sind Bilder des Siebenlehner Heimatmalers Otto Altenkirch (1875-1945) und Dokumente zum Wirken der Naturkundlerin Amalie Dietrich (1821-1891) ausgestellt. Vom einstigen Bergbau sind **Licht-** und **Mundlöcher** erhalten.

Auf Amalie Dietrichs Spuren

In der Wanderbroschüre Nr. 4 der Reihe „Wanderungen zwischen der sächsischen Wein- und Silberstraße" (erhältlich bei den Verkehrsämtern in Siebenlehn und Reinsberg) finden Sie eine detaillierte Beschreibung der Wanderroute 12 „Auf den Spuren der Naturforscherin Amalie Dietrich". Diese etwa zwei Stunden lange Wanderung führt in Siebenlehn vom Zollhaus Bieberstein über Steyermühle und Amalie-Dietrich-Höhe zum Marktplatz, dann weiter über Beiermühle, Muldenbrücke und Papierfabrik zurück zum Zollhaus.

Auch in Reinsberg und Freiberg wird das Klöppeln wieder verstärkt gepflegt, dessen Kunst Barbara Uttmann aus Annaberg im Erzgebirge um 1550 begründete.

Mit Pferdestärken durch den Tharandter Wald

Rund um den Tharandter Wald bieten Bauernhöfe und Reitställe Kremser-, Kutsch- und Schlittenfahrten im Tharandter Wald an:
- *Colmnitz: E. Schmieder, Obere Hauptstr. 47a (Tel. 035202/4105)*
- *Niederschöna: Familie Keller, Freiberger Str. 4 (Tel. 035209/ 20574)*
- *Grillenburg: G. Schaller, Hauptstr. 6 (Tel. 035202/4202)*
- *Grumbach: Familie Junghans, Limbacher Str. 11 (Tel. 035204/ 5273)*
- *Hetzdorf: Familie Göpfert, Herrndorfer Str. 15 (Tel. 035209/ 21173) und G. Küchenmeister, Grundner Str. 4 (Tel. 035209/ 20057)*
- *Pohrsdorf: G. Lucius, Dorfstr. 51 (Tel. 035203/2508) und Ponyhof Petzold, Herzogswalder Str. 2 (Tel. 035203/32664)*
- *Kurort Hartha: Pferdehof Glinka, Talmühlenstr. 22 (Tel. 035203/2454) und F. Grimmer, Buchenweg 7 (Tel. 035203/32653)*

THARANDT DE 4

Kreisangehörige Stadt.
Höhenlage: 250-400 m
Kreis: Weißeritzkreis
Kreissitz: Dippoldiswalde
Regierungsbezirk: Dresden
Bundesland: Sachsen
Einwohner: 5.700
Postleitzahl: D-01737
Tel.-Vorwahl: 035203

„Granaten“ und „Tarant(el)“ hören sich höchst kriegerisch an, doch Tharandt wusste mit seinen beiden Ursprungsnamen friedlich umzugehen. Die Granaten entpuppen sich bei näherer Betrachtung als Granatapfel im herrschaftlichen Wappen, der Tarant wohl eher als mittelalterliches Kriegsspielzeug (Belagerungsgerät).

Geschichte: Der bis zum Beginn des 18. Jh. übliche Ortsname „Granaten“ lässt sich auch mit Halbedelsteinfunden in dieser Gegend in Verbindung bringen, und auch der seitdem gebräuchliche Name „Tharandt“ hat wohl eher seinen Ursprung im Geschlecht der „Tarante“, die seit etwa 1200 auf der Burg „Tarant“ saßen. Um 1580 wurde die Burg niedergelegt. 1609 erhielt Granaten Stadtrecht. Seine heutige Bedeutung verdankt Tharandt der Vermessungstätigkeit von Heinrich Cotta, der 1811 hier eine private Forstanstalt gründete, aus der 1816 die staatliche Forstakademie wurde und noch heute als forstwissenschaftlicher Bereich zur Technischen Universität in Dresden gehört.

Zu den Wegen der Lieder

Auf Initiative des Chores des Kurortes Hartha (Stadt Tharandt) kann man entlang eines 5 km langen Wanderweges an 13 Stationen alte deutsche Volkslieder singen. Auf Tafeln ist an den Stationen jeweils die erste Zeile eines Liedes vorgegeben (ein Liederheft mit den Texten aller 13 Volkslieder ist in der Touristinformation Kurort Hartha erhältlich).

Die „Wege der Lieder“ führen vom Kurplatz in Hartha direkt in den Tharandter Wald zum Hexenhäusel, dann über Flügelberg zur Ernemannhütte und über den „Harthaer Flügel“ zurück zum Kurplatz.

Jagdschloss Grillenburg im Tharandter Wald

Sehenswertes: Ein pittoreskes Ensemble bilden auf dem Burgberg in *Tharandt* die **Ruine** der einst aus Unterburg (Vogtsitz) und Oberburg (Grafensitz) bestehenden **Burg** (1216 erstmals erwähnt) und die auf Resten der Unterburg erbaute **Hl.-Kreuz-Kirche** (1626-29), in der noch ein Gewölbe und ein Portal der mittelalterlichen Burg erhalten sind. Zwischen beiden steht das orientalisch anmutende **Schloss** (1866). Im **Tharandter Wald**, einem ausgedehnten Waldgebiet mit dem Prädikat „Sachsens schönster Wald", liegt das **Jagdschloss Grillenburg** der sächsichen Kurfürsten, in dem heute eine jagdkundliche Ausstellung an die fürstlichen Hofjagden erinnert. – Im *Kurort Hartha*, der seit 1933 dieses Prädikat im Namen führt, gibt es seit 1900 einen schönen **Kurpark,** und im „Tännicht" den Mittelpunkt Sachsens.

Vom Silberbergbau am Tharandter Wald

Für einige Orte rund um den Tharandter Wald lässt sich der Beginn des Silberbergbaus urkundlich belegen, dessen Ende auch:

- *Naundorf: 1559 - 1834*
- *Niederschöna: Beginn 16./17. Jh.*
- *Herrndorf: 1849 - 1872*
- *Grund: 1451 - 56 („Ziegenrücken")*
- *Mohorn: 1779 - 1894 (Grube „Erzengel Michael")*
- *Tharandt: 1430 (bergmännisches Inventarverzeichnis), 1531 („Sanct Christufs Stollen"), 1706 - 1796 („Accismoderationsgenuss")*
- *Edle Krone: 13./14. Jh. (urkundlich nicht belegter Ursprung) bis 1885*
- *Dorfhain: 1511 - um 1890*
- *Höckendorf: 1531- um 1890*
- *Klingenberg: 13./14. Jh. (urkundlich nicht belegter Ursprung) bis 1898 (Grube „Beistand Gottes")*

TRIEBISCHTAL BC 2-3

Selbständige Gemeinde.
Höhenlage: 132 - 303 m
Kreis: Meißen
Regierungsbezirk: Dresden
Bundesland: Sachsen
Einwohner: 3.400
Postleitzahl: D-01665
Tel.-Vorwahl: 035244

Weit erstrecken sich die Ortsteile von Triebischtal von Nord nach Süd entlang der Triebisch. Kleine und Große Triebisch vereinen sich dabei im Landschaftsschutzgebiet „Triebischtäler". Von den Höhen der Talhänge bieten sich dem Wanderer immer wieder reizvolle Ausblicke auf die Landschaft.

Geschichte: Miltitz, der Verwaltungssitz von Triebischtal, geht urkundlich aufs Jahr 1186 zurück. Im 12. Jh. dürfte der Siedlungsursprung weiterer Ortsteile zu finden sein, Semmelsberg wird mit 1551 allerdings zeitlich spät namentlich genannt. Über Jahrhunderte prägte der Kalksteinabbau das örtliche Wirtschaftsleben.

Sehenswertes: Den in Europa nördlichsten **Edelkastanienhain** findet man bei der Kirche (1740) in *Miltitz*. Das **Besucherbergwerk** (mit unterirdischem See und Tropfsteinbildungen) informiert über den unterirdischen Kalkbergbau, der bereits um 1400 begann und erst in unserer Zeit endete. – Bei *Garsebach* hat man von den **Pechsteinklippen** eine hervorragende **Aussicht** ins Große Triebischtal. Unterhalb der Klippen steht die **Fichtenmühle** aus dem 13. Jahrhundert. – Südlich von *Robschütz* haben sich Reste eines slawischen **Burgwalls** („Burgser") erhalten. – Um 1350 wurde die **Wallfahrtskirche** in *Burkhardswalde* erbaut; an ihrer Südseite ist ein altes Prangereisen eingelassen. – Der 14 km lange, von Halsbrücke kommende „Rothschönberger Stollen" mündet am **Stollentor** in *Rothschönberg* in die Triebisch. Unweit steht seit 1290 das **Schloss** (um 1600 umgebaut), eines der ältesten Herrensitze im Meißner Land. - Nahe dem einstigen Rittergut von *Tanneberg* erhebt sich die **Dorfkirche** (um 1630).

Ein Ausflug lohnt ins Kleine Triebischtal nach **Taubenheim**: Sehenswert dort sind die bemalte Kassettendecke und der Meißner Kachelofen im **Schloss** (um 1600), aber auch die **Dorfkirche** (1625/26) mit wertvollem Taufstein und Kämpferstein aus dem 13. Jh.

Alte Steinkreuze

„Günthers Kreuz" bei Grillenburg und das „Auermann Kreuz" bei Naundorf, beide aus dem Jahr 1492, sind zwei besonders gut erhaltene Steinkreuze. Weder Inschrift noch Jahreszahl tragen die Kreuze auf Niederschönaer Flur.

Aus alten Gerichtsbüchern weiß man, dass die Steinkreuze als Sühne für einen Raubüberfall oder gar Mord vom Täter – neben weiteren Bußen – am Tatort gesetzt werden mussten. Der Form nach kann man Lateinische Kreuze (mit rechtwinkligen Armen), die Kleeblattform und das Malteserkreuz unterscheiden, seltener auch das Radkreuz. Nicht immer sind Ursprung und Bedeutung dieser Steinkreuze eindeutig nachzuweisen.

WACHAU I 2

Selbständige Gemeinde.
Kreis: Kamenz
Regierungsbezirk: Dresden
Bundesland: Sachsen
Einwohner: 4.600
Postleitzahl: D-01454
Tel.-Vorwahl: 03528

Hier „in der Wachau" übt auf den Wanderer das Seifersdorfer Tal eine besondere Anziehungskraft aus: eine Wanderung zwischen der Grundmühle im Süden und der Kunathsmühle im Norden birgt so manche Überraschung.

Überrascht ist man dann wirklich, was man im **Seifersdorfer** Tal so alles entdecken kann: hier ein Denkmal, dort eine Erinnerungstafel, eine Quellfassung neben einem Aussichtspunkt: Das alles wurde zwischen 1781 und 1831 von den Schlossherren im englischen Parkstil ausgestaltet. Die Herrschaften selber wohnten auf dem neugotischen **Schloss** (1822) inmitten des Dorfes, ihre Vorfahren haben sich in der **Siebenritterkirche** (1604/05) in Ritterstandbildern der Nachwelt erhalten; das älteste Standbild (Anfang 17. Jh.) dient als Altar.

Dresdener Krautwickel

Zarte, gebrühte Kohlblätter werden mit Kümmel bestreut. Darauf kommt eine Füllung aus Hackfleisch, Räucherspeck und Schweineherzwürfeln, fein abgeschmeckt mit Gewürzen und Zwiebeln.

Füllung und Kraut ergeben eine aromatische Soße, die – mit saurer Sahne verfeinert – dieses schmackhafte Schlemmeressen abrundet.

(Quelle: Der große ADAC-Führer „Entdeckungsreise durch Deutschland – unser Land und seine Küche")

Es gibt wohl kein Gebiet in Deutschland, wo so viele Traditionsbahnen noch dampflokbetrieben fahren wie im Raum Dresden – Meißen

WEINBÖHLA DE 2

Selbständige Gemeinde.
Höhenlage: 104 - 211 m
Kreis: Meißen
Regierungsbezirk: Dresden
Bundesland: Sachsen
Einwohner: 10.100
Postleitzahl: D-01689
Tel.-Vorwahl: 035243

Auf einem Südwesthang der Dresdner Elbtalweitung behauptet sich seit Jahrhunderten auf wasserdurchlässigem Heidesand eine Winzergemeinde, die seit 1513 auch den Wein im Namen trägt: Weinböhla.

Geschichte: Aus der sorbischen Siedlung 'Bel' des 6. Jh. entwickelte sich die deutsche Siedlung der Ostkolonisation, die 1350 erstmals in einem Lehnbuch Friedrich des Strengen Erwähnung fand, und aus der schließlich 1513 „Weinböhla“ wurde. Der Abbau von Kalkmergel und die Kalkbrennerei haben von 1797 bis 1898 das Leben der Bürger bestimmt. Danach hielt wiederum für fast hundert Jahre der Obst- und Gartenbau Einzug ins „Obst- und Gartenparadies“.

Im Weinort Weinböhla

Am Kirchplatz in Weinböhla beginnen wir unsere 9 km lange Rundwanderung durch den alten Weinort. Über Sachsenstraße, vorbei am Heimatmuseum, weiter auf der Hauptstraße und Bahnhofstraße erreichen wir eine Bahnschranke, an der wir rechts durch die Sachsenstraße bis zum Sachsenplatz gehen. Die Nordstraße führt uns bergauf, bis wir rechts in den Börnchengrund einbiegen. Über die Rodelbahn steigen wir zur Ruine Wartturm mit herrlichem Weitblick auf. Von der Rodelbahn wandern wir links, der Markierung „roter Punkt“ folgend, über den Höhenweg zum Waldacker. Dort einige Meter bergauf und durch den Wald zum Gellertberg. Zurück geht's über Forststraße, Scheringstraße, Grenz-/Berliner Straße wie gehabt zum Kirchplatz.

Entlang der Wilden Sau

Eine Wanderung durch den romantischen Wiesen- und Mühlengrund am Saubach (Wilde Sau), nördlich von Klipphausen bei Wilsdruff, versetzt den Wanderer ins 18. Jahrhundert. Einstmals speiste der Saubach neun Mühlen, von denen zwei besonders erwähnenswert sind:

Urige Gemütlichkeit bietet die zur Gaststätte umgebaute „Neudeckmühle“, ein beliebtes Ausflugsziel. Auch die 350 Jahre alte „Lehmannmühle“, eine der ältesten funktionsfähigen Wassermühlen in Sachsen, ist für die Öffentlichkeit zugänglich.

Sehenswertes: Vom hundertjährigen **König-Albert-Turm** hat man einen schönen Blick auf das Elbtal und den Ort, aus dem sich die **Martinskirche** eindrucksvoll heraushebt. Ihr Vorgängerbau aus dem 14. Jh. wurde vom Blitz stark beschädigt und 1892 durch einen Neubau ersetzt. Hier am Kirchplatz haben sich **Dreiseithöfe** erhalten. In einem von ihnen, dem „Peterskeller“ (1794), zeigt das **Heimatmuseum** Exponate zur Ortsgeschichte. Vom Rathausplatz führt der **Orts- und Weinlehrpfad** über 10 km durch den Ort und die angrenzenden Landschaftsschutzgebiete.

WILSDRUFF D 3

Kreisangehörige Stadt.
Kreis: Weißeritzkreis
Kreissitz: Dippoldiswalde
Regierungsbezirk: Dresden
Bundesland: Sachsen
Einwohner: 5.900
Postleitzahl: D-01723
Tel.-Vorwahl: 035204

Stadtarchivare datieren die Geburtsstunde von *Wilsdruff* in die Zeit vor 1170 und beziehen sich dabei auf den Baubeginn der romanischen **Jacobikirche**. Noch vor der ersten urkundlichen Erwähnung (1259) als 'Wilandesdorf' wird um 1220 mit dem Bau der **Nikolaikirche** begonnen. - *Grumbach* entstand in der zweiten Hälfte des 12. Jh. und wurde 1223 erstmals genannt. Die **Dorfkirche** (erweitert 1609/10) ist seit 1303 belegt; in ihr hat sich ein romanisches Portal aus dem 13. Jh. erhalten, die Kassettenbilderdecke entstand 1674. - Im 1378 urkundlich erwähnten *Helbigsdorf* steht eine **Kapelle** aus dem Jahr 1616. - Das **Schloss** in *Limbach* (1334 ersterwähnt) war vorher eine Wasserburg; wenige Renaissanceelemente stammen aus der Bauzeit um 1600.

Hübsch anzusehen ist die Kirche von Kesselsdorf, nahe Wilsdruff

INFORMATION

Tourist-Information Coswig
Karrastr. 2
01640 Coswig
Tel. 03523/66-330, Fax 66-339
Internet: www.coswig.de
e-mail: Stadt@Coswig.de

TV „Sächsische Elbweindörfer um Diesbar-Seußlitz“
An der Weinstr. 1a
01612 Diesbar-Seußlitz
Tel. 035267/50225 oder 50909,
Fax 50249 oder 50998

Fremdenverkehrsgemeinschaft Östliches Erzgebirge
Altenberger Str. 5
01744 Dippoldiswalde
Tel. 03504/614877, Fax 614878
Intern.: www.Osterzgebirge.de
e-mail: info@ost-erzgebirge.de

Stadt Dohna
Am Markt 11
01809 Dohna
Tel. 03529/5636-0, Fax 563699

Gemeinde Dorfhain
Schulstr. 4
01738 Dorfhain
Tel. 035055/61833, Fax 61651

Dresden-Werbung und Tourismus GmbH
Ostra-Allee 11
01067 Dresden
T. 0351/49192-0, Fax 49192116
Int.: www.dresden-tourist.de

Gemeinde Ebersbach
Am Bahndamm 3
01561 Ebersbach
Tel. 035208/955-0, Fax 955-22

Freiberg-Information
Burgstr. 1
09599 Freiberg
Tel. 03731/273264, Fax 273260

Verkehrsbüro Freital
Dresdner Str. 56
01705 Freital
T. 0351/6476108, Fax 64764857
Internet: www.freital.de
e-mail: tourist@freital.de

Tourismusverein Heidenau
Güterbahnhofstr. 10
01809 Heidenau
Tel. 03529/511015, Fax 522619

Gemeinde Heynitz
Heynitz Nr. 9
01683 Heynitz
Tel. 035244/41296, Fax 41041
e-mail: Gemeinde-Heynitz
@t-online.de

Gemeinde Käbschütztal
Krögis, Kirchgasse 4a
01665 Käbschütztal
Tel. 035244/4870, Fax 48799

Verkehrsamt Lommatzsch
Markt 1
01623 Lommatzsch
Tel. 035241/8260

Tourist-Information Meißen
Markt 3
01662 Meißen
Tel. 03521/454470, Fax 458240
e-mail: tourist.meissen
@t-online.de

Verkehrsamt Moritzburg
Schlossallee 3b
01468 Moritzburg
Tel. 035207/85410, Fax 85420

Gemeinde Müglitztal
Schulstr. 18
01809 Müglitztal
Tel. 035027/5771, Fax 5439

Tharandter Wald-Tourist
Hetzdorf, Herrndorfer Str. 3
09600 Niederschöna
Tel. 035209/20425, Fax 20425

Tourismusverein Nossen
Waldheimer Str. 212
01683 Nossen
Tel. 035242/71636, Fax 72861
Internet: www.nossen.de
e-mail: tourismus-verein@nossen.de

Tourist-Service Pirna
Am Markt 7
01796 Pirna
Tel. 03501/46570, Fax 465715

Gemeinde Pretzschendorf
Thomas-Müntzer-Str. 69a
01774 Pretzschendorf
Tel. 035058/4610, Fax 46128
e-mail: GV-Pretzschendorf@t-online.de

Stadt Radeberg
Markt 19
01454 Radeberg
Tel. 03528/4500 oder 450213,
Fax 03528/450100

Tourist-Information Radebeul
Pestalozzistr. 6
01445 Radebeul
Tel. 0351/8311905, Fax 8311902
Internet: www.radebeul.de
e-mail: radebeul@imedia.de

Stadt Radeburg
Heinrich-Zille-Str. 11
01471 Radeburg
Tel. 035208/96153, Fax 96155
e-mail: StadtRadeburg@t-online.de

Gemeinde Reinhardtsgrimma
Gartenstr. 7
01768 Reinhardtsgrimma
Tel. 035053/415-0 oder 415-32
Fax 035053/415-19
e-mail: Gemeinde-Reinhardtsgrimma@t-online.de

Freizeit- und Fremdenverkehrs GmbH Tourist Reinsberg
Badstr. 12
09629 Reinsberg
Tel. 037324/7439 oder 7985
Fax 037324/7439
Internet: www.eCamp.com/d/reinsberg

Stadt Siebenlehn
Markt 29
09634 Siebenlehn
Tel. 035242/68224

Touristinformation Tharandt
Kurort Hartha,Talmühlenstr. 11
01737 Tharandt
Tel. 035203/37616, Fax 37617
e-mail: tharwald@imedia.de

Gemeinde Triebischtal
Miltitz, Talstr. 2
01665 Triebischtal
Tel. 035244/471-0, Fax 47130

Gemeinde Wachau
Teichstr. 4
01454 Wachau
Tel. 03528/4808-0, Fax 480818

Weinböhla-Information
Rathausplatz 2
01689 Weinböhla
Tel. 035243/34336, Fax 32258
Internet: www.meiland.de/weinboehla
e-mail: GV-Weinboehla@t-online.de

Stadt Wilsdruff
Nossener Str. 20
01723 Wilsdruff
Tel. 035204/463-0, Fax 46326
Internet: www.wilsdruff.de
e-mail: post.wilsdruff@kin-sachsen.de

Anschlusskarten zur KOMPASS-Wanderkarte 1031 Dresden · Meißen · Tharandter Wald

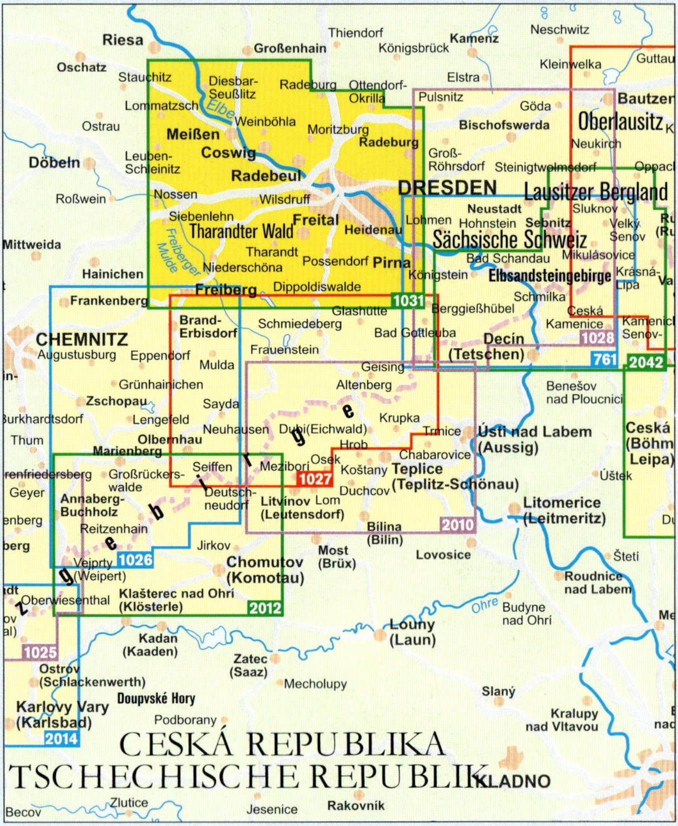

761 Elbsandsteingebirge 1:30 000
1026 Mittleres Erzgebirge
1027 Osterzgebirge
1028 Sächsische Schweiz

Das große KOMPASS-Programm mit dem Gesamtverzeichnis der über 350 KOMPASS-Wanderkarten erhalten Sie bei Ihrem Buchhändler oder bei der KOMPASS-Karten GmbH, Kaplanstraße 2, A-6063 Rum/Innsbruck, Fax +43 512 265561-8. A1a